図説 日本の城と城下町 7

彦根城

母利美和●監修

創元社

目次

Part 1 彦根城を歩く

Part 3

近江彦根の文化探訪

凡例

- **年号**……和暦（元号）と西暦を併記したが、改元の年は原則として改元後の元号を記し、改元前の出来事については改元前と後の元号を併記した。南北朝時代は南朝と北朝の元号を併記した。
- **漢字**……漢字は原則として新字体を採用した（一部の固有名詞は、例外的に旧字体や異体字を採用した）。
- **井伊家の代数**……井伊家当主には、井伊直政を初代として代数を示している。代数の数え方には諸説あるが、別の家を立てた直継を数えず、直孝を2代とし、再勤を数えない考え方を採用した。
- **写真・図版出典**……原則として写真・図版のそばに出典を記載した。編集部で撮影した写真や作図、所蔵図版と、著作権保護期間の満了し所蔵者が特定できない写真・図版は、出典記載を省略した。このほかＰＩＸＴＡ、フォトライブラリーからの提供写真がある。３Ｄ地形図は『カシミール３Ｄ』を使用して作成した。
- カバー・帯に掲載の図は『彦根御城下惣絵図』（彦根城博物館蔵　画像提供：彦根城博物館／ＤＮＰａｒｔｃｏｍ）、『彦根御山絵図』（彦根市立図書館蔵）。
- 記載内容・データは、原則として２０２３年６月現在とした。

はじめに

譜代筆頭大名井伊家が築いた「彦根」

京都女子大学文学部教授　母利美和

江戸幕府の統治理念を体現した理想の城下町

彦根城最大の魅力は、国宝の天守に加え、多様な櫓《やぐら》と石垣や完全な形で遺された二重の堀が、城郭を覆う緑豊かな木々に彩られた景観です。

大坂の陣で徳川が豊臣勢力を制圧した後、彦根城は軍事拠点から徳川の平和を実現する統治拠点へと改造されました。本丸の天守前にあった藩主の御殿は、現在、彦根城博物館のある敷地を造成して移され、南の大手口に替わり、表御門口を城郭の正面に位置づけたのです。譜代筆頭の大名として、また最も信任された将軍補佐の大名として、江戸参勤を意識した大転換でした。まだ内堀しかなかった城郭には、石垣で固められた中堀と土塁がめぐらされた外堀が築造され、三重の構えの城下町に変貌したのです。

それは徳川幕府が大坂の陣後に目指した、戦乱のない安定した社会を実現するための大改造でした。その際、中堀から第2郭（内曲輪《うちくるわ》）に入る佐和口《さわぐち》・京橋口《きょうばしぐち》・山崎口《やまざきぐち》には、御門と両翼に伸びる二重櫓を備えた白亜の多聞櫓《たもんやぐら》が造営され、内曲輪の内部には重臣たちが屋敷を構えました。そこは、政策意思決定を行う重要な空間として、威厳に満ちた象徴的な城門や多聞櫓で閉じ込められました。

巧妙にデザインされた威厳ある景観

この空間に至る、いろは松から佐和口御門に通じる中堀沿いの道は、殿様の参勤交代に伴うセレモニーのための儀礼空間として、長寿や不変の象徴である常緑の松並木により演出されていました。

中山道《なかせんどう》の鳥居本宿《とりいもと》から佐和山の切通《きりとおし》を経て城下町に入ると、大名行列は威儀を正して整列し、殿様は駕《か》籠《ご》を降り馬に乗りかえ、外船町《そとふなまち》・柳町《やなぎまち》・彦根町を通行しました。いろは松に通じる切通口《きりとおしぐち》御門（現在の彦根キャッスルリゾート&スパの南側）をくぐると、眼前には白亜の佐和口多聞櫓、城山の中腹には天秤《てんびん》櫓《やぐら》と天守が常緑の松に浮かび上がり、中堀の水面には白亜の櫓の影が映り込んだことでしょう。すべての角度とボリューム・バランスが計算され尽くした見事な景観です。

　しかし威厳こそあれ、決して豪華絢爛《ごうかけんらん》ではなく、闘争的、威圧的なものでもありません。また殿様のためだけの景観ではないのです。城下へ入る旅人が見る景観も、天守や櫓の重なりに配慮し、樹木の高さや、建物の保存を殿様が指示した記録が残されています。

　こうした計画された景観は、彦根の城下町の随所に見られます。17世紀後半頃から造営されはじめた内曲輪の玄宮園《げんきゅうえん》・楽々園《らくらくえん》から城山を見上げる景色、大手側の京橋口から見上げる景色、町人の町並みや足軽《あしがる》組屋敷街の路地から見通す天守など、彦根城下を歩く際に是非見つけてほしい景観です。

景観の保存と活用

彦根は決して武家屋敷や町家が多く残されているわけではありませんが、国宝彦根城を中心に二重の堀・石垣、武家・町人・足軽の屋敷の街区や道のほとんどが、江戸時代のまま残る希有《けう》な城下町です。

　その中には、城下町建設に際して各地から移転してきた由緒ある寺院、全国的にも珍しい門構えのある足軽組屋敷が、現地に遺されています。見どころを探して散策することも楽しみです。とくに彦根藩の足軽は、城郭や城下町の維持管理やインフラ整備、各種の行政実務を担う実態が近年研究で明らかになってきており、また足軽組屋敷の活用も進んできています。彦根城博物館には城郭や城下町の歴史を伝える膨大な史料が保存されており、これからも研究・活用され、彦根の見どころがより豊かになることを期待しています。

母利美和（もり・よしかず）

京都女子大学文学部教授。彦根城世界遺産登録推進協議会学術会議委員。1958年、兵庫県生まれ。同志社大学大学院文学研究科博士前期課程修了。日本近世政治・社会史専攻。彦根城博物館の学芸員として彦根藩政史・大名文化研究を推進し、2003年京都女子大学に着任。著書・共著書に『幕末維新の個性6　井伊直弼』(吉川弘文館)、『彦根城博物館叢書1〜7』(サンライズ出版)、『新修彦根市史』(彦根市)など。

特別インタビュー

小説家

姫野カオルコ

知るほど味わい深くなる江戸時代の空気を伝える城

独特の視点から語られる物語とエッセイで人気を集める直木賞作家、姫野カオルコさん。滋賀県出身であり、作品でもたびたび滋賀に触れている姫野さんに、彦根城とその思い出、彦根が影響を与えた周辺の文化について聞いた。

プロフィール　小説家。1958年滋賀県甲賀市生まれ。『昭和の犬』で第150回直木賞を受賞。『彼女は頭が悪いから』で第32回柴田錬三郎賞受賞。他の著書に『受難』『ツ、イ、ラ、ク』『終業式』『リアル・シンデレラ』『謎の毒親』『整形美女』などがある。

中堀から見た彦根城

歴史の積み重ねが生む彦根城の美しさ

——滋賀県にどのような印象をもっていますか。県外に出て見え方は変わりましたか。

姫野　のんびりとした土地だなあと思います。現在は東京に住んでいますが、その印象は子どもの頃から変わりません。

ただ、滋賀県が、関東の方にこれほど知られていないとは思っていませんでした。彦根城は全国的に有名な城です。旧国名の近江《おうみ》も歴史の舞台として知られています。それなのに、多くの人にとってはそれらが「滋賀」と結びついていない現状があります。もっと多くの人に滋賀県の魅力を知ってほしいですね。

——県内に住んでいる人にとって彦根城とはどのような存在でしょう。姫野さんの思い出も教えてください。

姫野　私は滋賀県の南部に住んでいた期間が長いので、彦根周辺の方とは感じ方が違うかもしれませんが、正直に言えば、子どもの頃は少し地味な印象がありました。滋賀県の南部からだと京都の市街地に行く機会が多かったので、その影響があるかもしれません。私が子どもの頃の彦根城は、まだ全国から観光客が集まるような場所ではなかったと思います。

「琵琶湖の場所を知らない人もいてショックでしたね。」

覚えているところでは、小学4年生の頃に、彦根にドライブに行ったことがあります。彦根城にも寄ったのですが、外観については「城だな」って思ったくらいでした。内装に関しては、「テレビで見るのと違うな」と感じた記憶があります。時代劇などで城が出てくると、調度品や行灯《あんどん》があって、畳が敷いてあってという状態ですよね。でも、実際に天守に入ってみると、何もありません。それもあって地味に感じたのだと思います。

むしろ、城近くの喫茶店での出来事のほうが記憶に残っています。隣の席で甲冑《かっちゅう》を身につけた侍と、脚《きゃ》絆《はん》をつけた侍が、それぞれコーヒーとクリームソーダを飲んでいたのです。そばに刀を置いて。その喫茶店はチェーンのようなところではなくて、ホテルのラウンジのような低いテーブルが並んだ店だったのですが、こんなところで大人がチャンバラごっこしてるの、とすごく困惑した記憶があります。

今考えると、撮影の合間だったのだと思います。誰も説明してくれないので、すごく困ってしまって。

――大人になって印象に変化はありましたか。

姫野　今は、とても美しい城だと思っています。駅から歩いて近づいていくときに遠くから見える姿が美しいですし、堀の辺りから見える全体像もとてもきれいです。堀自体も整っています。全国各地の城が描かれた切手のシリーズをもっていたのですが、彦根城の切手だけは使うのが惜しくて、まだ手元に残しています。

先ほどの喫茶店の侍の話もそうですが、大人になると経験や知識が増えるので、ものの見え方は変わります。経験によって、こういう美しさがある、こういうよさがあると、視野が広がっていきます。私の彦根城に対する見え方の変化も、大人になったことによる自然な変化なのだろうと思います。

日本にはたくさんの城がありますが、ほとんどは石垣しか残っていないか、建物があっても現代の建築工法で再建されているかです。天守が江戸時代以前のまま残っている城は、12か所しかありません。その1つが彦根城です。そうした歴史の積み重ねが、彦根城の魅力の1つだと思います。

子どもの頃の私は、天守の内部に何もないことを残念に感じましたが、住まいではなく要塞のような設備なのだから、何もないのが当たり前ですよね。天守の階段も非常に急で、敵が簡単に侵入できないようになっていることがわかります。

――城下町としての彦根の魅力を教えてください。

姫野　日本の城の多くは現代的な都市の中にありますが、彦根城周辺に

彦根城天守内部

は足軽《あしがる》組屋敷のような当時の建物がたくさん残っています。彦根城は周辺も含めて、城のあった時代をエンジョイできる空間になっていると感じます。近視眼的に城だけに注目するのではなく、周辺にも視野を広げてもらえれば、行った甲斐があったと思ってもらえるのではないでしょうか。

　とくに私が気に入っているのは、井伊直弼《いいなおすけ》が暮らしたという埋木舎《うもれぎのや》ですね。庭がきれいで、散策するのにとてもよい場所です。

　また、特定の場所ではないですが、雪景色も彦根らしいなと感じます。雪がたくさん降るんですよ。彦根は冬に新幹線で東京から関西に向かうと、関ケ原辺りで吹雪《ふぶ》きはじめて、彦根ぐらいまでねずみ色の空が続く印象です。滋賀県でも南部の大津《おおつ》や京都などとは気候が違うなと感じます。

井伊家の名残を伝える滋賀の言葉や食文化

——気候だけでなく、彦根のある滋賀県の北部と南部では、文化や雰囲気も違うように思えます。

姫野　滋賀県の北部に住んでいる人の話し方は、どこかに東日本のイントネーションを感じます。

冬の彦根城

あくまで私の考えですが、井伊家の影響があるのかもしれませんね。井伊直政《なおまさ》（井伊家初代）が関ケ原の戦いで戦功を挙げて、彦根（当初の居城は佐和山城）に移ってきました。それから何百年も経っていますが、今でも影響が残っているのかなと思っています。

　南部との間に文化的な違いが生まれるのは、滋賀県が複数の藩が集まってできた県だからでしょうね。彦根藩が最も大きくて、今の大津市辺りにあった膳所《ぜぜ》藩がそれに続きました。この2つを中心に複数の藩が1つの県に合わさっているので、文化などにも違いがあるのだと思います。

——ほかに井伊家の影響を感じる点はありますか。

姫野　食べ物にも東国の影響かなと

思う部分があります。京都のものという印象があるかもしれませんが、そばに「身欠《みが》きにしん」を載せた「にしんそば」は滋賀でも定番の料理です。身欠きにしんというのは、頭と尾をとったニシンを甘辛く煮たもので、保存目的でつくられたため、とても濃い味になっています。滋賀県ではあまりない味つけなので、井伊家や家臣団の好みの味だったのではないかなと想像しているのですが、どうでしょう。

——にしんそばのほかに、滋賀ならではの食べ物を教えてください。

姫野　私は琵琶湖でとれた鮎《あゆ》の塩焼きやあめだき、赤いこんにゃくが好きです。

　また、好みは分かれますが、「ふなずし」は歴史を感じられる料理だと思います。今は珍味として、いいお値段で出回っていますが、昔は一般家庭でふつうにつくられる保存食でした。冷蔵庫などがない時代に長期保存するために生まれたものなので、今の家庭ではあまりつくられなくなったのでしょうね。

　風味が独特なので、ほとんどの子どもからの評判はよくなかったのですが、子ども時代の私はふなずしが好きでした。上手にふなずしを漬ける知人がいて、もってきてくれていたというのも理由としてありますが、何より食べ方がよかったのだと思います。ふなずしを2、3切れお椀に入れて、醤油をたらして熱湯を注ぎ、お吸い物風にして食べていました。

　ただ、ふなずしを食べると、お酒やほかの料理の風味がわからなくなってしまうので、最近はあまり食べる機会がないですね。お吸い物風にして、飲んだ日の翌朝などに、単品で食べるのがおすすめです。

「ふなずしはお吸い物にするのがおすすめ。」

近江鉄道が結ぶ彦根と湖東・東近江

——本書を読んだ方に伝えたいことはありますか。

姫野　先ほど言ったように、彦根城はきれいですし、周辺には足軽組屋敷や武家屋敷の庭が残っていて、散策にもおすすめです。じつは、これら以外にもう1つ、彦根でおすすめしたいものがあります。「近江鉄道」です。

「彦根」駅でＪＲと連絡しているのですが、鉄道が好きな人にとってはとても有名な路線だそうです。近江鉄道の電車を撮るためだと思うのですが、駅ですごく立派なカメラをも

近江鉄道本線「鳥居本」駅

『忍びの滋賀　いつも京都の日陰で』

姫野カオルコ著、小学館

琵琶湖や比叡山延暦寺といった全国的に有名な観光地があるにもかかわらず、知名度がなかなか高くならない滋賀県をユーモラスに語ったエッセイ。にしんそばから井伊直政に思いを馳せたり、近江料理が京料理として紹介される現状に頭を抱えたりと、著者の故郷への思いが詰まった1冊。

った一団に出会うことがあります。電車が好きという方はもちろんですが、それ以外の方でも車窓からの眺めが楽しめると思います。「鳥居本《とりいもと》」駅の建物なども魅力的で、「鳥居本」駅の駅舎は特徴的な赤い屋根がレトロな雰囲気と温かみを感じさせますし、「新八日市《しんようかいち》」駅は古風な美しさがあります。また、この本を手に取っている方は、城や歴史に興味があるのだと思いますが、「近江八幡《おうみはちまん》」駅で下車すると、時代劇などで撮影に使われる「八幡堀」が駅近くにあります。

滋賀県は少し地味な印象があるかもしれませんが、彦根城以外にもさまざまな魅力があります。近江鉄道はその一例で、ほかにも目的や体力に合わせて散策コースをつくることができます。ぜひいらしてください。

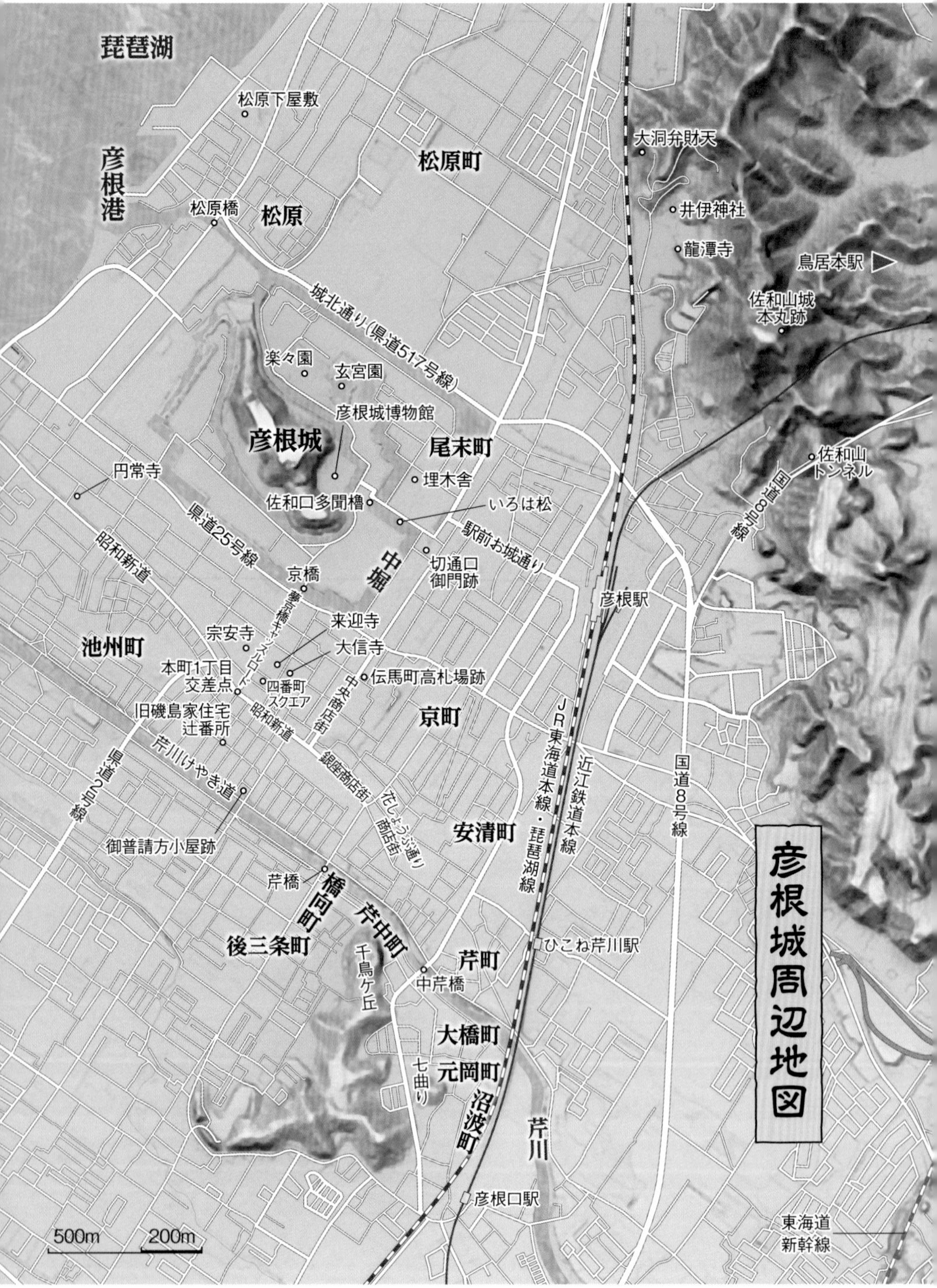
彦根城周辺地図
琵琶湖
彦根港
松原下屋敷
松原町
松原橋
松原
大洞弁財天
井伊神社
龍潭寺
鳥居本駅
佐和山城
本丸跡
城北通り(県道517号線)
楽々園
玄宮園
彦根城博物館
彦根城
尾末町
埋木舎
佐和山
トンネル
国道8号線
円常寺
佐和口多聞櫓
いろは松
県道25号線
駅前お城通り
中堀
切通口
御門跡
昭和新道
京橋
彦根駅
夢京橋キャッスルロード
来迎寺
宗安寺
大信寺
池州町
本町1丁目
交差点
四番町
スクエア
伝馬町高札場跡
中央商店街
京町
旧磯島家住宅
辻番所
昭和新道
JR東海道本線・琵琶湖線
近江鉄道本線
国道8号線
芹川けやき道
銀座商店街
花しょうぶ通り
商店街
県道2号線
安清町
御普請方小屋跡
芹橋
橋向町
芹中町
後三条町
千鳥ケ丘
ひこね芹川駅
芹町
中芹橋
大橋町
元岡町
七曲り
沼波町
芹川
彦根口駅
500m
200m
東海道
新幹線

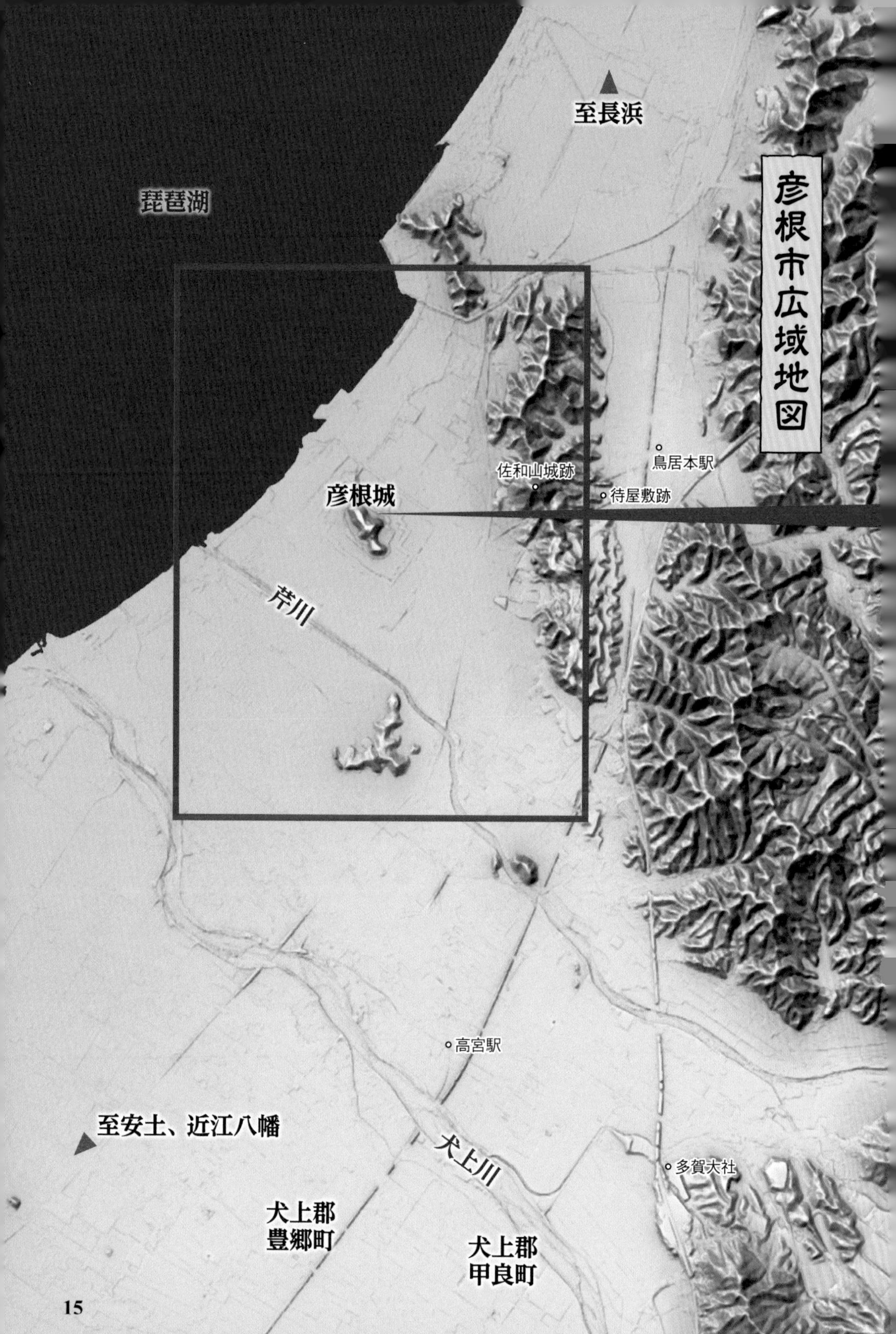
彦根市広域地図
至長浜
琵琶湖
鳥居本駅
佐和山城跡
待屋敷跡
彦根城
芹川
高宮駅
至安土、近江八幡
犬上川
多賀大社
犬上郡
豊郷町
犬上郡
甲良町

図説
彦根城ものがたり

東西を結ぶ湖東地方は古代より交通の要衝

守護の佐々木氏が「佐和山」に館建設

近江国《おうみのくに》（現在の滋賀県）は、古代には「東山道《とうさんどう》」、近世以降は「東海道」や「中山道《なかせんどう》」「北国《ほっこく》街道」などの官道が通過する地域でした。とりわけ湖東地方は、東国と畿内を結ぶ地点として、軍事的にも政治的にも重要な拠点といえます。

平安中期、湖東地方を地盤とする佐々木氏が台頭し、源頼朝の側近として治承《じしょう》・寿永《じゅえい》の乱（１１８０～85）で活躍します。乱後、佐々木定綱《さだつな》が近江国守護に任ぜられ、佐々木氏による近江国支配が始まりました。

定綱の六男・佐保時綱《ときつな》は、建久年間（１１９０～99）に坂田郡（現在の米原市の大部分、彦根市と長浜市の一部）南部の「佐和山《さわやま》」に館《やかた》を築きました。これが、戦国時代に近江の要害として重視された「佐和山城」の始まりです。

佐和山は、陸路では中山道と北国街道の合流地点に位置し、水路では琵琶湖とつながる「松原内湖《まつばらないこ》」に面します。加えて山頂からは琵琶湖や比良《ひら》山系が一望でき、砦を築くのに適した場所でした。

この佐和山城から西方約2キロに位置したのが、のちに彦根城の建つ「彦根山」です。当時は城ではなく、「彦根寺」という観音信仰の寺がありました。彦根寺が金の亀に乗った観音像を本尊としたことから、彦根山は「金亀《こんき》山」とも呼ばれました。

彦根寺の歴史は古く、寺伝によれば養老4年（７２0）に元正《げんしょう》天皇の勅願により藤原房前《ふじわらのふささき》が建立したと

『関ケ原合戦図屛風（井伊家本）』　関ケ原の戦いの全容を描いた屛風。右から2扇目に島津を追走する井伊直政の姿が描かれている。（彦根城博物館蔵 画像提供：彦根城博物館／DNPartcom）

されています。観音信仰の霊場として名高く、平安時代には畿内から皇族や公家が参詣した記録も残っています。密教との関係も深く、室町時代には西国《さいごく》巡礼や熊野《くまの》詣《もうで》のための中継寺院となっていたことが知られています。

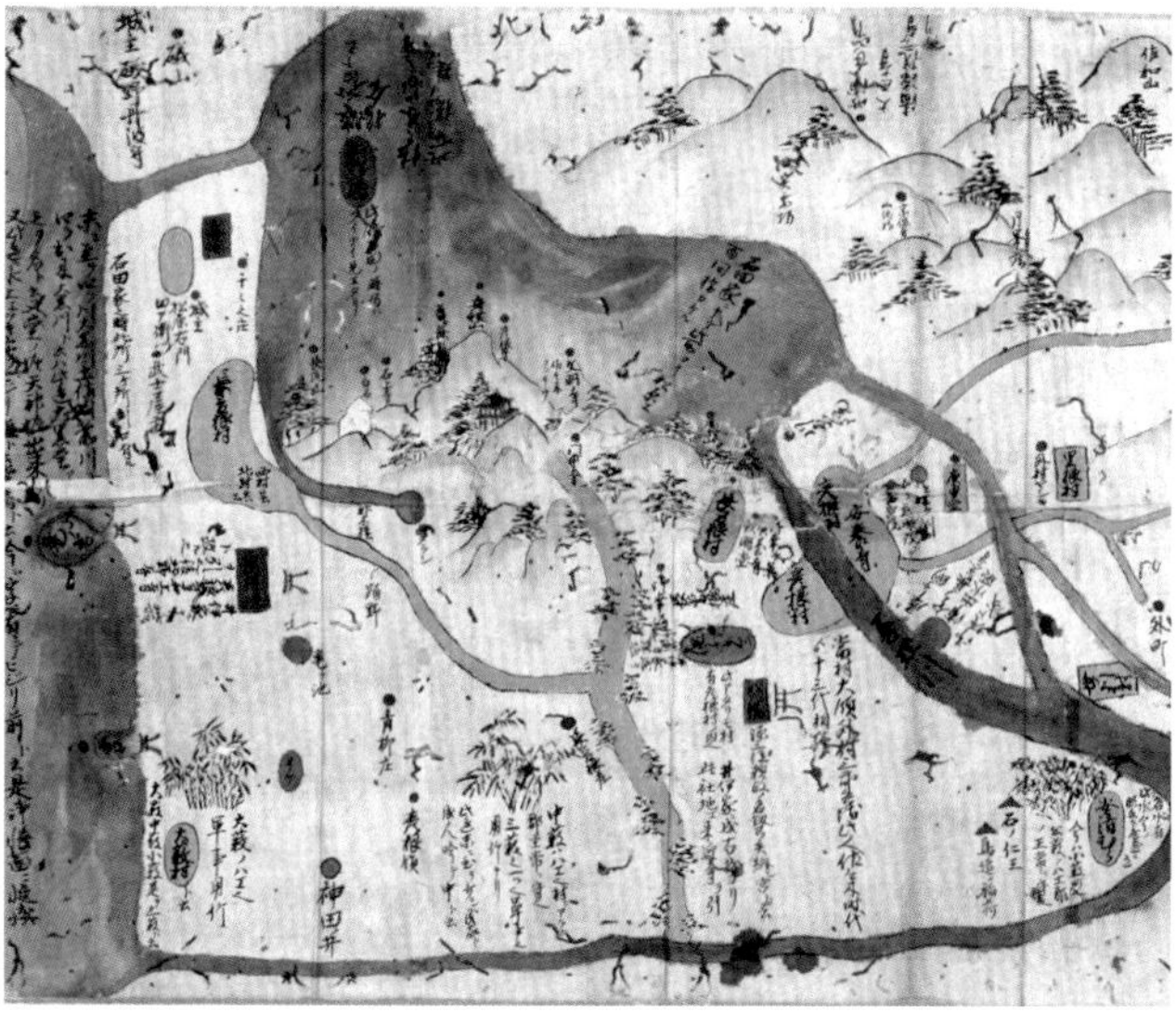

『彦根御山絵図』　彦根山を中心に描かれた最古の絵図。永禄年間（1558～70）の景観が描かれていると伝えられている。江戸時代の写し。（彦根市立図書館蔵）

織田信長による近江国支配

仁治3年（1242）、定綱の四男で近江国守護であった佐々木信綱《のぶつな》が亡くなると、近江国は4人の息子に分割統治されるようになります。佐々木氏は六角《ろっかく》氏や京極《きょうごく》氏に分かれながらも、同族による近江国統治は約300年続きました。このうち南近江守護の六角氏と北近江守護の京極氏は近江国の覇権をめぐり、南北近江の境にある佐和山城の争奪戦を展開しました。

戦国時代後期に入って下剋上が起こると、新興勢力の浅井氏が北近江で台頭し、京極氏に取ってかわります。当主の浅井長政《ながまさ》は臣従関係にあった六角氏から離反し、尾張の織田信長と同盟を結んで領土を拡大していきました。永禄5年（1562）頃には、長政家臣の磯野《いその》員昌《かずまさ》が佐和山城主となり、佐和山城は浅井氏の居城「小谷城《おだにじょう》」（現在の長浜市）の支城となります。

その後、長政は信長と決裂し、越前の朝倉氏らと同盟を結んで信長包囲網を形成します。しかし佐和山城は織田軍に包囲され、元亀2年（1571）に開城します。浅井氏はその2年後、小谷城を攻め落とされ、滅亡しました。信長は元亀2年（1571）、家臣の明智光秀に命じ、滋賀郡坂本（現在の大津市）に比叡山延暦寺の監視を目的とした「坂本城」を築城させます。一方、天正元年（1573）に浅井氏の領土だった北近江を拝領した羽柴（豊臣）秀吉は、小谷城を廃城にし、「長浜城《ながはまじょう》」（現在の長浜市）を築城しました。

近江国周辺のおもな大名（戦国時代後期）

石田三成が「佐和山城」改修

信長は居城のある岐阜から京への経路を確保するため、重臣の丹羽長秀《にわながひで》を佐和山城に配しました。天正7年（1579）に信長の新たな居城である安土城（近江八幡市）が完成するまでの間、佐和山城は織田軍の司令塔の機能を担いました。

信長没後は、秀吉の重臣が佐和山城主をつとめます。天正19年（1591）に入城した石田三成は、荒廃していた佐和山城を五重の天守を構えた本格的な城郭に建て替えます。文禄4年（1595）、三成は秀吉から北近江4郡19万4000石を拝領し、晴れて佐和山城主となりました。

完成した佐和山城は、山上に本丸、二の丸、三の丸などが連なる典型的な山城でした。山下の大手門は中山道に面して開くように設置され、堀の内に城下町が形成されたと伝えられています。「治部少《じぶしょう》（三成の官名）に過ぎたるものが二つあり、島の左近《さこん》（家臣の島左近）と佐和山の城」と狂歌でうたわれたことから、当時の佐和山城は壮麗で高名であったと想像できます。

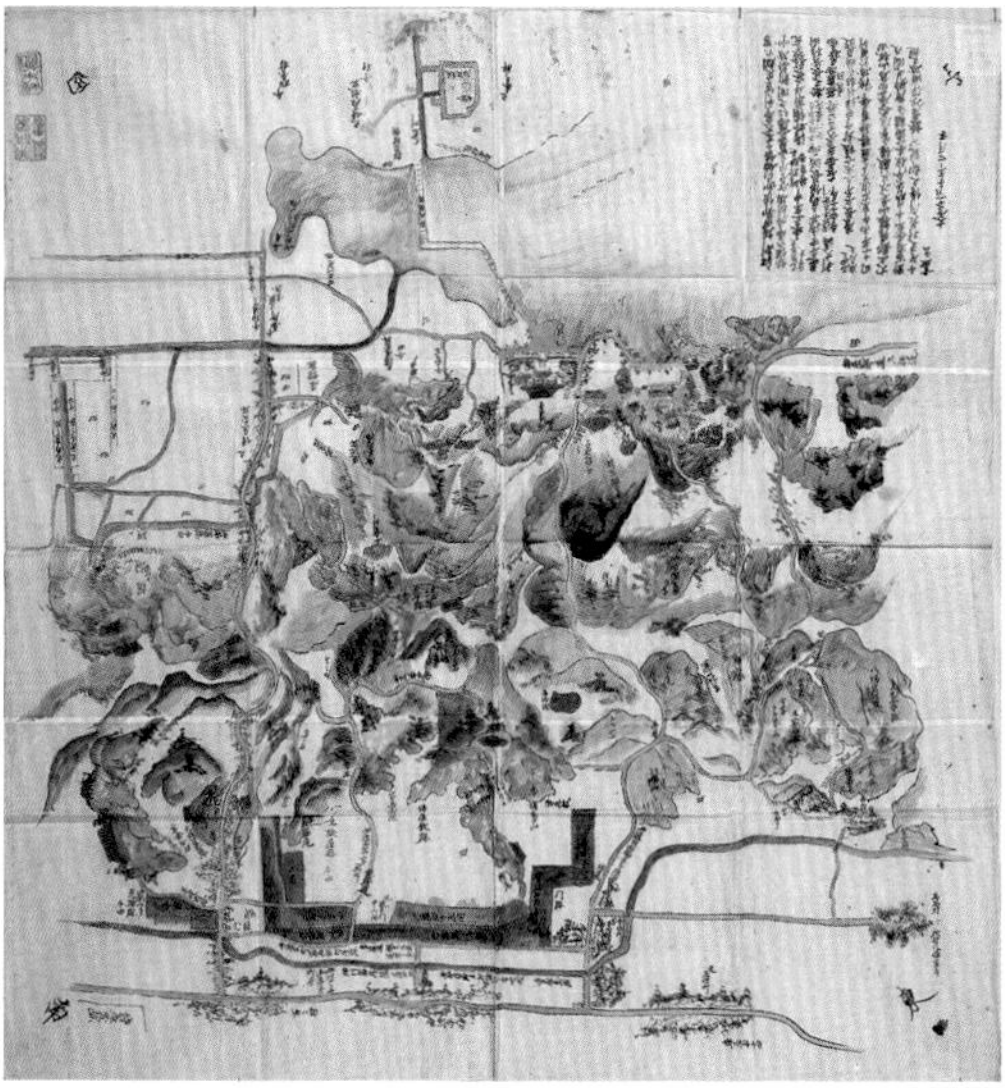

『佐和山古城図』 江戸中期の佐和山の景観をもとに、資料や伝聞から旧跡情報を加えたもの。（彦根城博物館蔵 画像提供：彦根城博物館／DNPartcom）

大坂城と西国大名を抑制する彦根城築城

井伊直政が佐和山城入封後に死去

秀吉没後の慶長5年（1600）、関ケ原の戦いが勃発し、徳川家康を総大将とする東軍が勝利します。佐和山城は落城し、三成は斬首されました。

合戦後、「徳川四天王」の1人である井伊直政《いいなおまさ》が戦功により、三成の旧領大半と合わせて18万石を拝領します。家康が直政を佐和山城に配したのは、西国監視と朝廷守護が目的でした。直政は翌年、高崎城（現在の群馬県高崎市）から佐和山城に入封します。

一方で直政は三成の居城であった佐和山城を嫌い、新城を築くに適した城地を探していました。佐和山城は山城であったため土地が狭く水利も悪かったことや、城下町が分散して管理するのに不便であったことも、移転を希望した理由の1つだと考えられています。新城の有力な候補地として挙がっていたのは、佐和山の北西に位置する「磯山」（米原市）です。この山には、かつては六角氏や浅井氏の城がありました。

ところが、直政は関ケ原の戦いで受けた鉄砲傷が悪化し、慶長7年（1602）に佐和山城で没します。後継者の直継《なおつぐ》はまだ幼かったため、家老の木俣守勝《きまたもりかつ》が藩政を支えました。守勝は磯山《いそやま》築城案を白紙に戻し、「佐和山にとどまる」「磯山で築城」「彦根山で築城」という3案を家康に打診します。その結果、彦根山に築城することが決定しました。

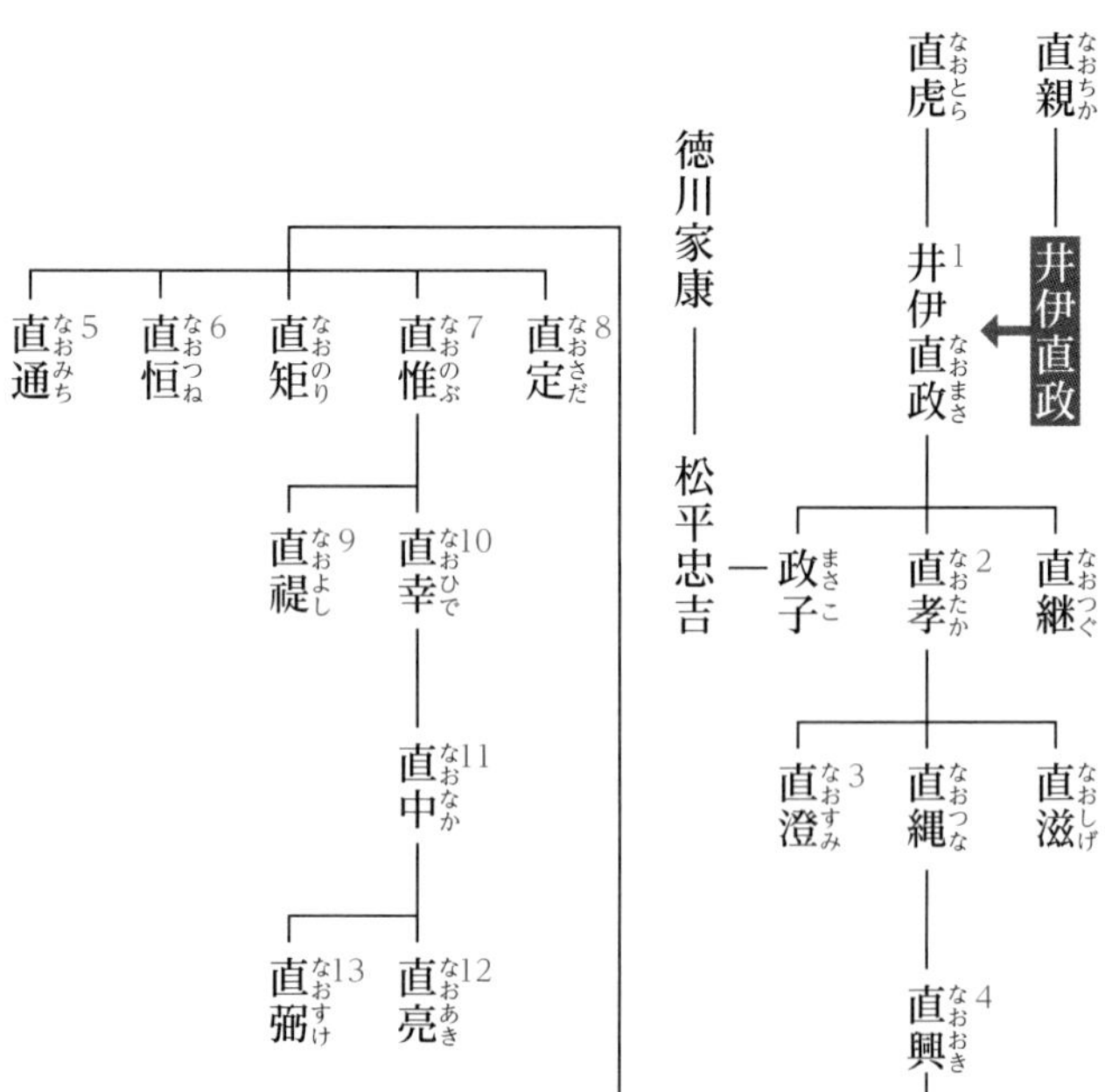

井伊家の家系図と歴代当主

城下町整備に適していた「彦根山」

彦根山が選ばれた理由には、複数の主要道が通る陸

北野寺　●彦根市馬場1-3-7／湖国バス「長曽根口天神前」バス停より

上交通の要衝であったことと、松原内湖に面しているため水運を利用しやすい立地であったことが挙げられます。彦根藩はのちに城下の外港として「松原《まつばら》湊《みなと》」（現在の彦根港）を開き、江戸時代には彦根三湊（松原湊、米原湊、長浜湊）は湖上運輸の要港として栄えます。

　また、磯山より平野部を確保しやすかった彦根山は、当時の井伊家が城下町を築くのにふさわしい条件がそろっていたといえます。井伊家は18万石の大名となり、多くの家来や領民を抱えるようになったため、これまで以上に広くて機能的な城下町を整備しなければならなかったのです。

　戦国時代後期から江戸時代初期にかけて、城郭は山の尾根にある小さな砦《とりで》から、多くの藩士とその家族が常駐する城下町を併設したものへと発展していきます。そのため平面的な広がりがつくれず、家臣や領民が住めない山城は廃《すた》れ、領内統治がしやすい平山城《ひらやまじろ》や平城《ひらじろ》が主流となっていきました。彦根城の築城もこうした潮流に沿ったものでした。

　なお、彦根城の築城により、彦根寺は慶長8年（1603）に城下へ移築されました。のちに「北野寺《きたのじ》」と改称されて井伊家の祈願寺となります。

西国大名抑制のための天下普請

　慶長9年（1604）、彦根山で築城工事が開始されました。井伊家の歴史をまとめた『井伊年譜』には、幕府から3人の奉行が派遣されたほか、近国7か国か

『御城内御絵図』　彦根城第1郭を描いた図。文化11年（1814）にまとめられた公的なもの。（彦根城博物館蔵 画像提供：彦根城博物館／DNPartcom）

ら12名の大名が彦根城の普請に参加したと記されていますが、36名とする記録（『木俣《きまた》記録』）もあります。

彦根城築城の前期工事は、このように徳川幕府によって行われた天下普請となりました。親豊臣の大名が多い西国への押さえの拠点として、完成が急がれたからです。家康は、豊臣家をはじめとする西国大名を押さえる「大坂城包囲網」の役割をもつ城として、井伊家に彦根城を備えさせました。

家康は関ケ原の戦い直後から、自軍の諸大名に向け、豊臣秀頼《ひでより》のいる大坂城を包囲するかのように築城を命じていました。たとえば東海道沿いの膳所城《ぜぜじょう》（現在の大津市）、山陰街道沿いの亀山城《かめやまじょう》（現在の京都府亀岡市）と篠山《ささやま》城《じょう》（現在の兵庫県丹波篠山市）などは、家康が全国の大名に命じて天下普請として完成させたものです。

慶長11年（１６０６）に彦根城の天守と主郭部分の石垣などが完成したのちも工事は続きました。ところが、慶長19年（１６１４）に大坂冬の陣が勃発したため、工事は中断します。ここまでが、天下普請でつくられた彦根城の前期工事となります。

独力の「元和の大改造」で三重惣構の城郭完成

2代直孝の指揮で築城再開

大坂の陣には、統率力に問題のあった直継に代わり異母弟の直孝が出陣しました。その後、井伊家の家督は直継を退け、直孝が2代当主として引き継ぎ、直継は上野国安中城《こうずけのくにあんなかじょう》（3万石）に分知《ぶんち》されます。

元和元年（1615）、2代直孝の指揮のもと彦根城の工事が再開され、元和8年（1622）に城郭と城下町の全体がほぼ完成、すでに完成していた部分にも改修が加えられました。元和の大改造ともいうべきこの後期工事で重要なのは、前期工事とは異なり、彦根藩による自普請だったことです。大坂夏の陣（1615）で豊臣家が滅亡し、大坂城を警戒する必要がなくなったため、城自体も後期工事によって、戦うための城から、安定した統治実現のための城へと転換することになりました。

城郭は、本丸、二の丸、三の丸と三重の堀による惣《そう》構《がまえ》となりました。本丸には、藩主の住居と藩庁機能を担う「表御殿《おもてごてん》」がつくられ、合議制による政治の場が新設されました。また、三重の堀により、天守や本丸御殿のある「第1郭」、重臣屋敷が集まる「第2郭」、中級家臣と町人居住区からなる「第3郭」といった地割りがなされました。「第4郭」（外堀外部）には、下級武士や足軽、町人居住区が設けられました。

これまで松原内湖に流れ込んでいた芹川《せりかわ》（善利川《せりかわ》）の本流は、前期工事で約2キロメートルにわたって付け替えられ、琵琶湖に直接流れるようにしました。付け替えには、低湿地帯の水の流れを改善することと、城下町の南側の守りを強化する意図がありました。

さらに、芹川の堤防を強化する目的でケヤキが植えられました。彦根の城下町は、こうした大規模な土木工事をもとに、後期工事で計画的に整備されたのです。その際、周囲からの眺望を強く意識して本丸以下の建物を配置した点も、彦根城の1つの特徴といえます。

以降、平和な時代が続いた江戸時代の彦根城は、軍

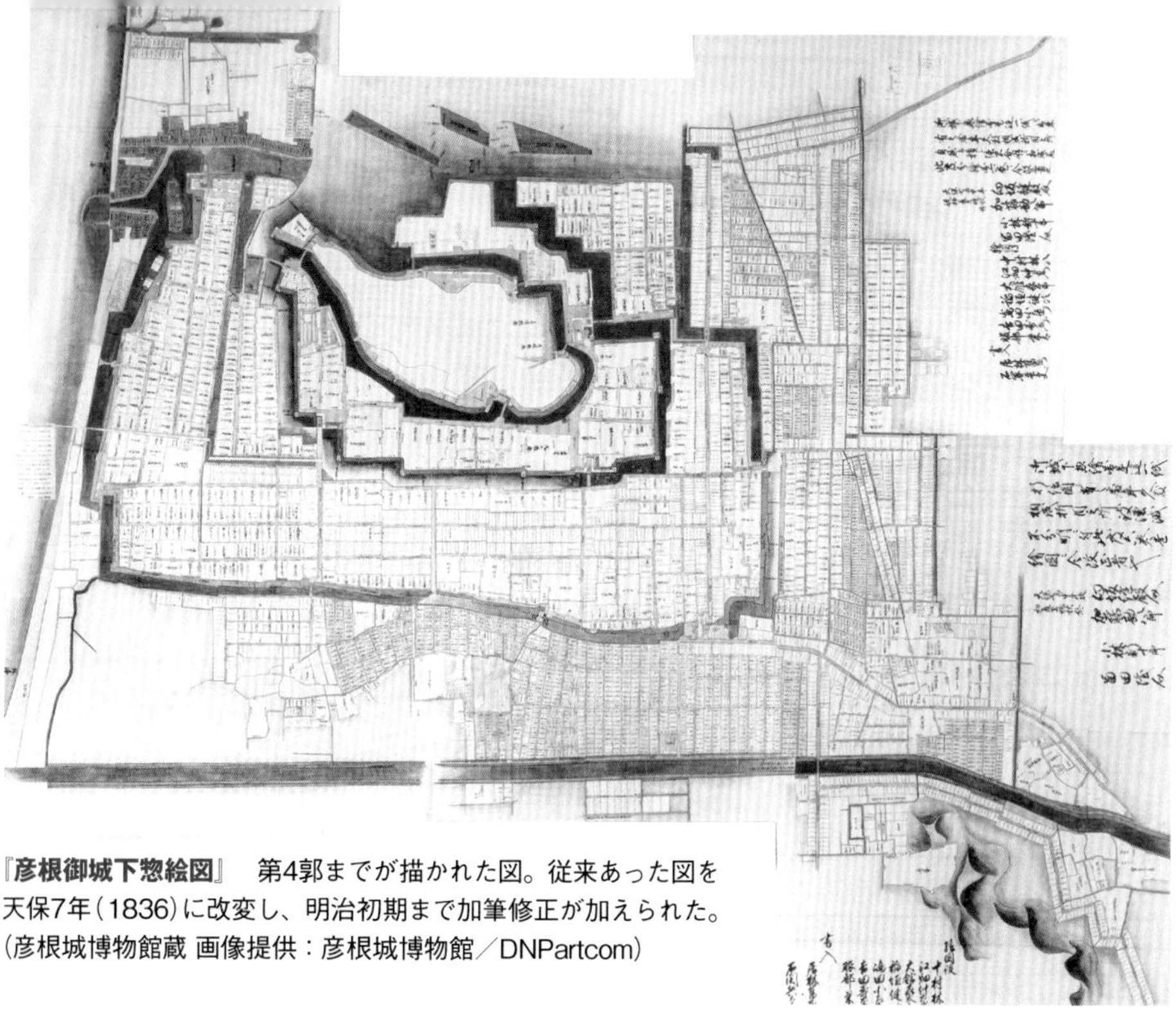

『彦根御城下惣絵図』　第4郭までが描かれた図。従来あった図を天保7年（1836）に改変し、明治初期まで加筆修正が加えられた。（彦根城博物館蔵 画像提供：彦根城博物館／DNPartcom）

事拠点としての役割よりも、政治拠点、権威の象徴として使われることになります。

軍事拠点から泰平と威厳の象徴へ

寛永9年（1632）、直孝は2代将軍秀忠から3代将軍家光の後見として、年寄衆より上位の「大政参《たいせいさん》与《よ》」を命じられます。直孝は大坂の陣の戦功により、18万石から25万石へ累進し、譜代筆頭となっていましたが、さらに家光の信任も得て、寛永10年（1633）には30万石に加増されました。

これらの加増に伴って、家臣団を増強するため、町人地から武家地に転換したり、武家地や町人地が周辺地へ拡大したりということがしばしば見られました。18世紀頃までに、現在の安清《やすきよ》町などに形成された重臣の下屋敷街は、その一例といえます。

井伊家は、江戸時代を通して転封が一度もない譜代大名の代表格となり、5人の大政参与・大老を輩出しました。そのなかで最も名高いのが、「桜田門外の変」で暗殺され、「最後の大老」となった13代井伊直弼《なおすけ》です。

大政奉還後、彦根藩は譜代筆頭でありながら薩長側につき、戊辰《ぼしん》戦争では官軍に加わりました。明治4年（1871）の廃藩置県により、彦根藩は廃され、彦根県が置かれます。同年、北近江が長浜県に編成され、翌明治5年（1872）に長浜県は犬山県と改称され、さらに滋賀県に統合されました。

明治6年（1873）に発令された「廃城令」により、全国の城郭の多くが取り壊されました。彦根城も取り壊しが決まっていたものの、明治11年（1878）に明治天皇が明治政府に彦根城の保存を命じたことで、保存が決まりました。彦根城は、こうして現存する12天守の1城となったのです。

昭和27年（1952）、天守、附櫓《つけやぐら》、多聞櫓《たもんやぐら》が国宝に指定されました。また、平成4年（1992）、世界遺産の暫定リストに記載されました。

『井伊直弼像』 狩野永岳画。（彦根清涼寺蔵 画像提供：彦根清涼寺／DNPartcom）

京橋口の古写真 明治に撮影されたもの。石垣の上には漆喰塗籠の櫓や塀がめぐり、容易に足を踏み入れられる場所ではなかった。（彦根市立図書館提供）

佐和口の古写真 明治に撮影されたもの。現在と同じく、中堀の先に佐和口多聞櫓が見える。（彦根市立図書館提供）

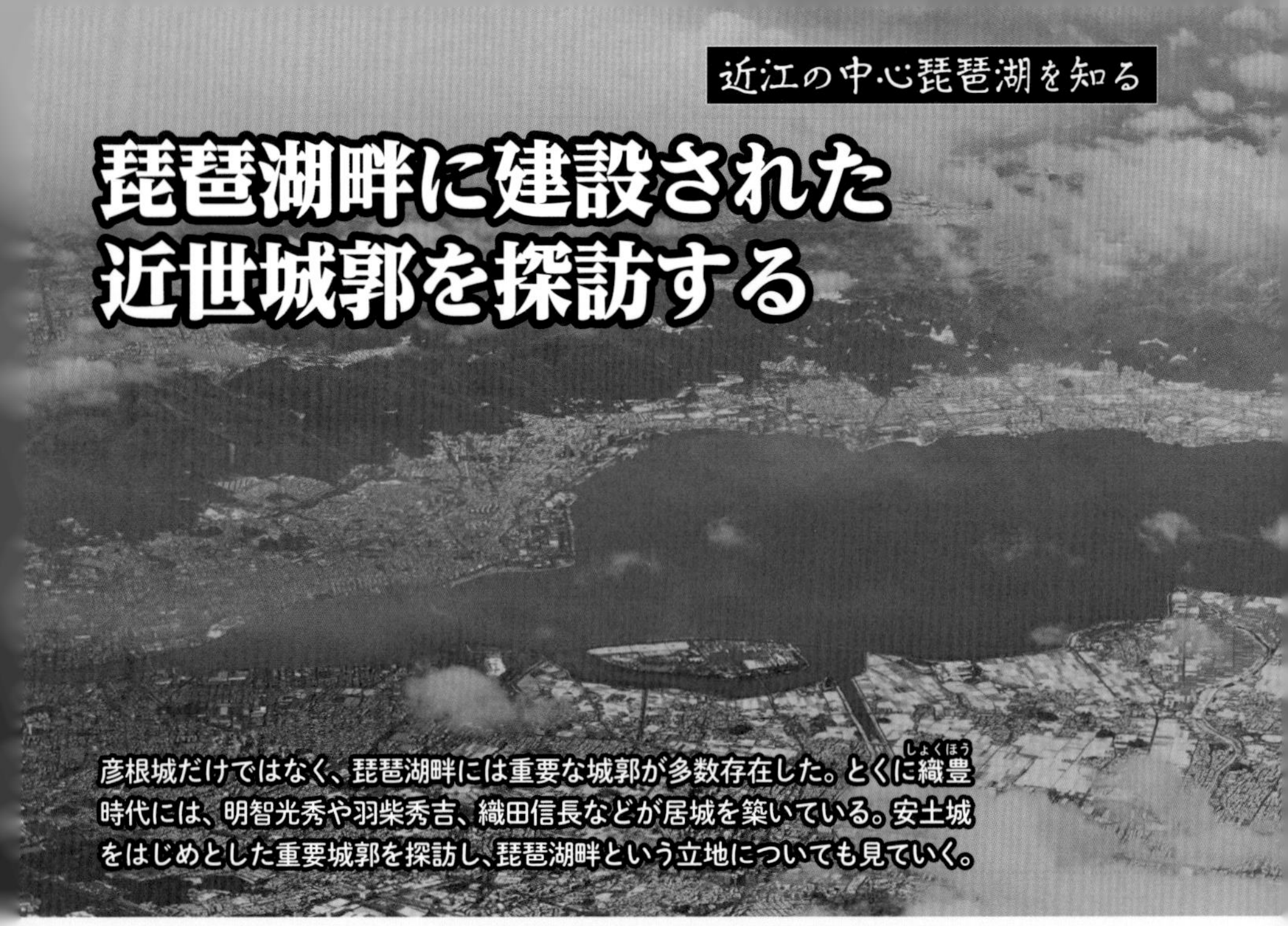

近江の中心琵琶湖を知る

琵琶湖畔に建設された近世城郭を探訪する

彦根城だけではなく、琵琶湖畔には重要な城郭が多数存在した。とくに織豊《しょくほう》時代には、明智光秀や羽柴秀吉、織田信長などが居城を築いている。安土城をはじめとした重要城郭を探訪し、琵琶湖畔という立地についても見ていく。

湖上交通の拠点は「塩津」や「大津」など港町

琵琶湖は、古くから東国・北国と都をつなぐ交通の要衝でした。宮殿や寺院を造営するために必要な資材のほか、年貢米《ねんぐまい》などの貢納物が、近江国（現在の滋賀県）周辺の陸路と琵琶湖から淀川に続く水運を利用して運ばれました。

平安時代中期に編纂《へんさん》された法典『延喜式《えんぎしき》』には、東日本から運ばれる物資は、東山道を通って琵琶湖東岸の朝妻《あさづま》（現在の米原市）に集められたと記されています。さらに朝妻から坂本へ回漕され、大津《おおつ》から陸路で京都へ運ばれていたそうです。

一方、越後《えちご》（現在の新潟県）や加賀《かが》・能登《のと》（現在の石川県）、越前《えちぜん》（現在の福井県北部）といった、北信越地方からの米や海産物などの物資は、まず越前国敦《つる》賀《が》（現在の敦賀市）や若狭国《わかさのくに》小浜《おばま》（現在の小浜市）へ海路で輸送されました。次に敦賀や小浜から陸路で琵琶湖北岸の塩津《しおつ》や大浦《おおうら》（ともに現在の長浜市）、海津《かいづ》（現在の高島市）などの「湖北三湊」へ輸送されていました。

さらに、それらの港で廻船に積みかえて大津へ、大津から陸路で都へ運ばれました。そのうちの1つで、塩づくりが盛んであった敦賀と塩津を結ぶ道（現在の国道8号線）は、物資とともに大量の塩が運ばれたことから「塩津街道」や「塩の道」と呼ばれました。

ほかにも小浜から海産物を琵琶湖西岸の勝野津《かちのつ》や今《いま》津《づ》（ともに現在の高島市）へ運び、やはり大津経由で都へ輸送する経路もありました。よく知られているのが、若狭国小浜と今津を結ぶ「九里半《くりはん》街道」を経て琵琶湖を渡って京都へ入る経路です。小浜でとれたサバを塩漬けにして運んだことから、古くから「鯖《さば》街道」と呼ばれる経路の1つに数えられています。

北国街道と接する塩津、若狭街道とつながる今津、最も京都に近い大津が琵琶湖水運の中心。塩津は、海津、大浦とともに「湖北三湊」と称され、畿内と北陸を結ぶ重要な港だった。

中世までの琵琶湖上交通の拠点は、南の大津、北の塩津、その中間に位置する今津や勝野津、朝妻などの港町でした。大名がこれらの港町を支配し、琵琶湖水運を掌握することは、政治的・軍事的に極めて重要でした。

近江国を治めた信長は、明智光秀や秀吉など重臣に琵琶湖を囲むような配置で城を築かせるとともに、水運業者を味方につけ、琵琶湖の水運も管理しました。信長に続いた秀吉もまた、湖上権を掌握し、船持ち仲間を「大津《おおつ》百艘《ひゃくそう》船《ぶね》」として承認しました。

琵琶湖畔に面していた「坂本城」と「長浜城」

信長の家臣のうち、最初に琵琶湖畔に自身の居城を築いたのは明智光秀でした。光秀は元亀2年（1571）、比叡山山麓の坂本（現在の大津市東部）に、琵琶湖の水を引き入れた水城「坂本城」を築きました。

坂本が選ばれたのは、織田氏と敵対する延暦寺を監視できる場所であると同時に、京都に通じる交通の拠点だったからです。また、正面に琵琶湖、背後に比叡山があるため防衛面でも有利でした。

坂本城は、大天守と小天守をもつ城郭であったと推測されています。宣教師のルイス・フロイスは著書『日本史』のなかで、「豪壮華麗なもので、信長が安土《あづち》山に建てたものに次ぎ、この明智の城ほど有名なものは天下にないほどだった」と坂本城を紹介しています。

坂本城は光秀の死後、一度は焼け落ちたものの、秀吉の家臣となった丹羽《にわ》長秀《ながひで》が再建しています。その後、城主となった浅野長政が城下町を整備しますが、天正14年（1586）に大津城を築城して居城を移したため廃城となり、坂本城の遺構はほとんど残っておらず、現在は水没した石垣と坂本城本丸跡の碑だけが名残《なごり》をとどめています。

一方、浅井攻めで手柄を立て、天正元年（1573）に信長から浅井氏の北近江の旧領を与えられた秀吉は、当時「今浜《いまはま》」と呼

『近江名所図』 16世紀後半の狩野派の画と思われる。重要文化財。琵琶湖越しに西岸を描く。坂本・堅田の町のにぎわいが描かれている。（滋賀県立美術館蔵）

ばれていた地名を「長浜《ながはま》」に改め、「長浜城」を築きました。長浜は中山道に近く、北国街道に通じる陸上交通の要衝で、かつ湖上交通を利用しやすい立地です。発掘された遺構から、長浜城は琵琶湖に石垣を浸した水城で、2重の外堀と内堀に囲まれていたと推定されています。ただし

昭和58年(1983)に長浜城跡に建てられた模擬天守。内部は「長浜城歴史博物館」として公開されている。●JR北陸本線・琵琶湖線「長浜」駅より／長浜市公園町10-10

坂本城跡に立つ明智光秀像。

設計図や絵図などの史料は残っておらず、正確な城郭の規模は不明です。

長浜は本能寺の変（1582）後、柴田勝家《かついえ》の領地となり、勝家の甥の柴田勝豊《かつとよ》が長浜城へ入りました。その後、山内一豊《かずとよ》や内藤信成《のぶなり》などが城主となります。豊臣氏が滅亡すると城は取り壊され、石垣など多くの資材が彦根城の建設のために使われたと推測されています。

近世城郭の範となった「安土城」と信長の琵琶湖畔城郭ネットワーク

湖南に光秀の坂本城、湖北に秀吉の長浜城を従えた信長は、天正4年（1576）に居城を岐阜から安土（現在の近江八幡市《おうみはちまん》）へと移します。安土を選んだ理由は、中山道と伊勢へ通じる街道が交差する陸路の要衝であり、琵琶湖交通の要衝であったからだと推測されます。

安土城の中心となる建物は、五重7階の高層建築でした。これが城郭史上最初の天守（天主《てんしゅ》）だと考えられており、高さは32メートルほどだったと伝えられています。また、主郭部全体に石垣が築かれ、軒瓦や飾瓦、鯱《しゃち》瓦などには金箔が貼られていたようです。華麗な天主や金箔瓦などの要素は、信長の権力や財力を世間に知らしめる象徴としての役割をもっていました。それ以前の防衛拠点としての城とは異なり、見せることを意識した安土城は、のちに近世城郭の手本となりました。

安土城跡。大手などを中心に、石畳や石垣が保存されている。

さらに信長は天正6年（1578）、安土城の対岸にあたる琵琶湖西岸の大溝《おおみぞ》（現在の高島市）に「大溝城」を築き、甥の織田信澄《のぶずみ》を城主にします。大溝は京都と北陸を結ぶ西近江路が走っており、要港である勝野津もありました。

琵琶湖湖畔に築かれた坂本城、長浜城、安土城、大溝城の4つの城は、いわば琵琶湖城郭ネットワークというべき戦略的な配置となっていました。信長はこうして近江の水陸交通を制したのち、全国統一を進めていきます。

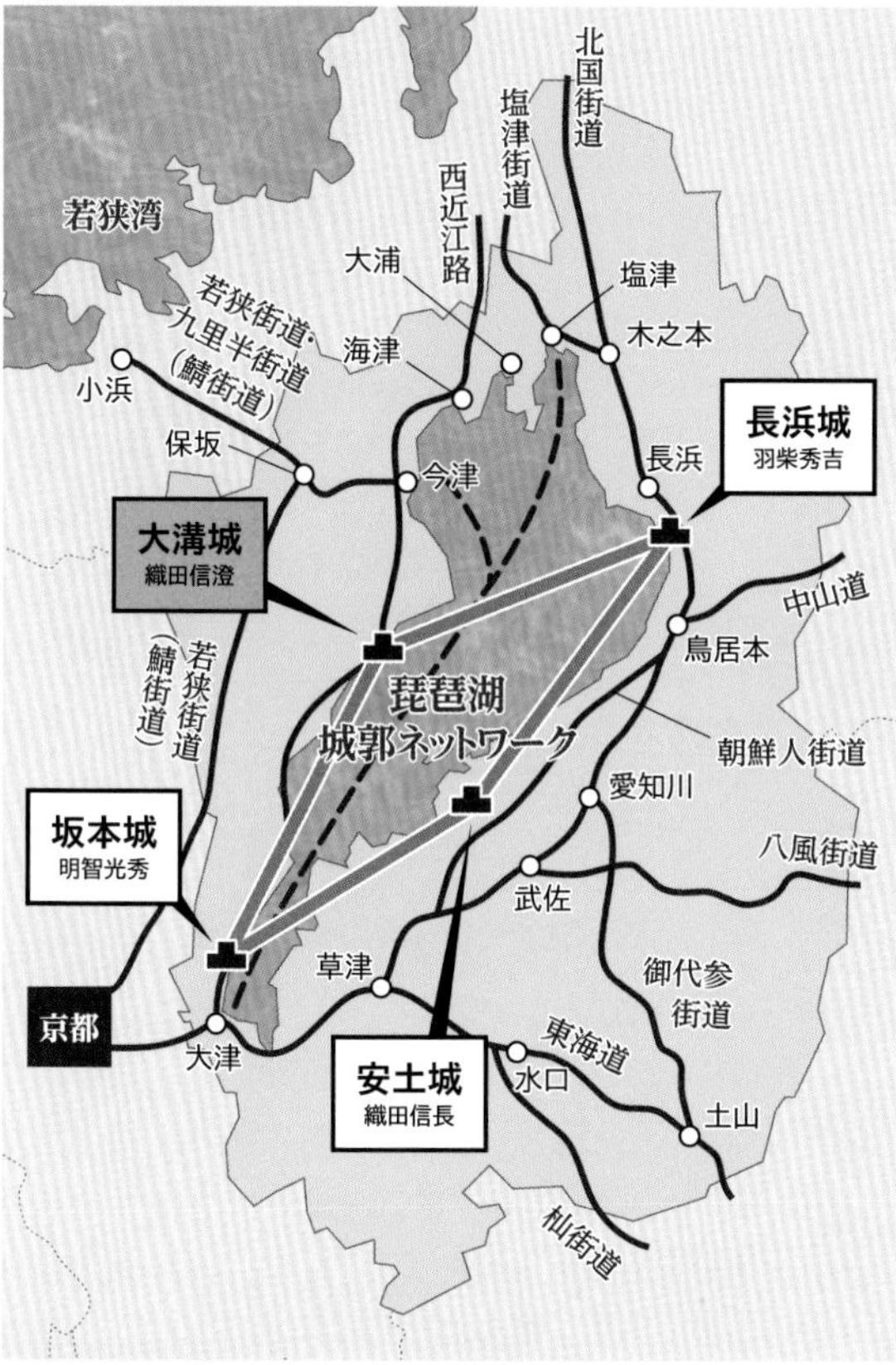

琵琶湖の水運を掌握した4つの城の配置。

信長の没後も、安土城は織田氏の居城として残されます。しかし、秀吉が近江を治める新たな城として八《はち》幡山《まんやま》城（近江八幡市）を築城した際に廃城となり、一部が八幡山城へ移築されました。

浅野長政が秀吉の命に従い、天正14年（1586）に築城した大津城（大津市）も琵琶湖沿岸に面した水城です。水路で美濃や越前方面から運ばれてくる物資を荷下ろしする、港の機能をもっていたと考えられています。京極高次《きょうごくたかつぐ》が城主のとき、関ケ原の戦いが勃発し、大津城で激しい攻防戦が繰り広げられました。その後、家康は大津城を廃城にしています。

こうした近世城郭が近江で連続して誕生したのは、織田氏や豊臣氏の財力と戦略に加え、石垣技術者集団「穴太衆《あのうしゅう》」の本拠地が比叡山の近江側の麓にあったことも大きく影響しています。安土城の石垣を施工したことで名前が知られようになり、のちに彦根城の石垣を組み上げたことでも知られています。

Part 1 彦根城を歩く

国宝の彦根城

彦根城地図

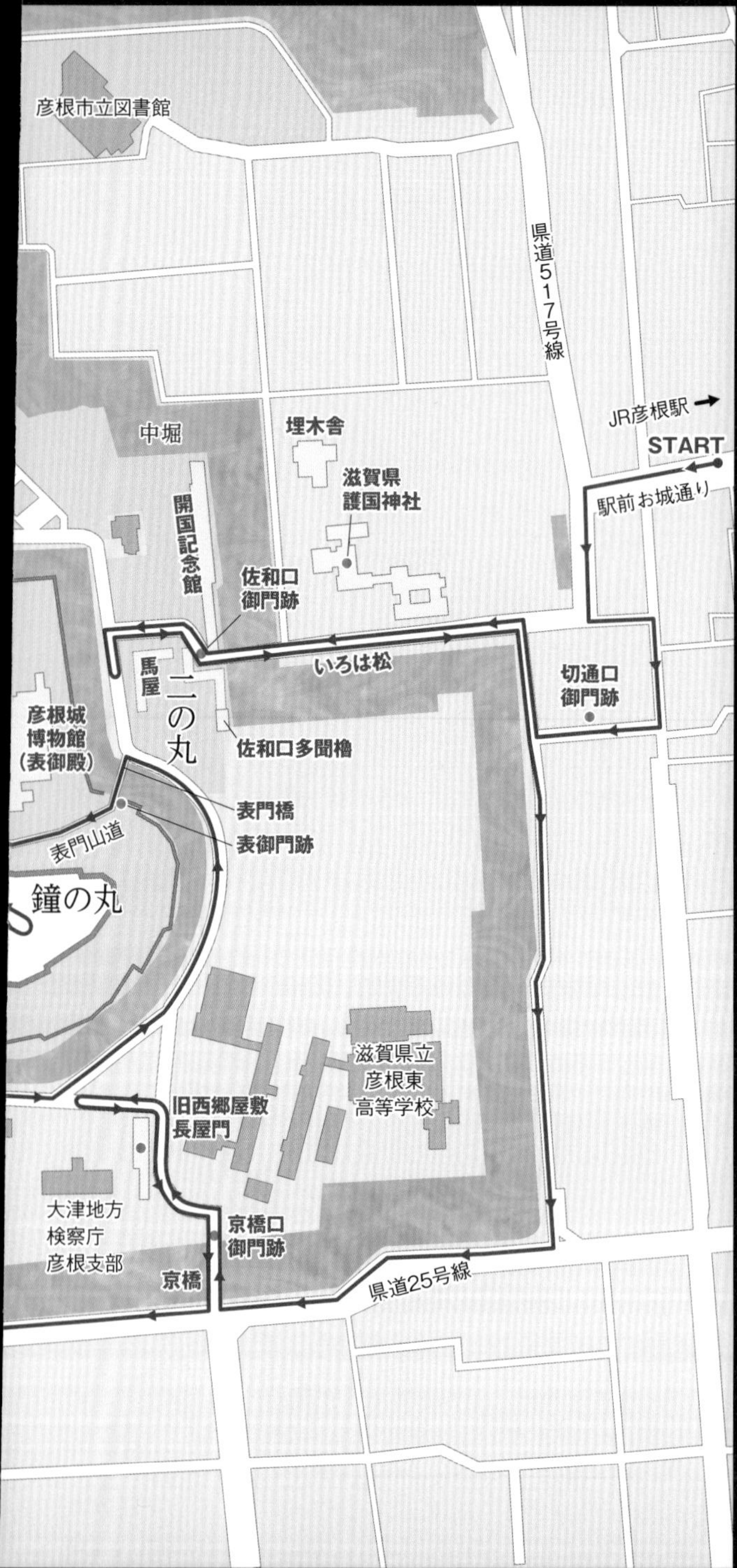

彦根城は彦根山を削り平らにした場所に建てられた。中堀より内側は、ほぼ当時のまま現在も残されている。腰巻石垣といった西国ではめずらしい石垣や、近世城郭では最大規模の大堀切などの防衛拠点を経て、国宝である天守へと向かう。

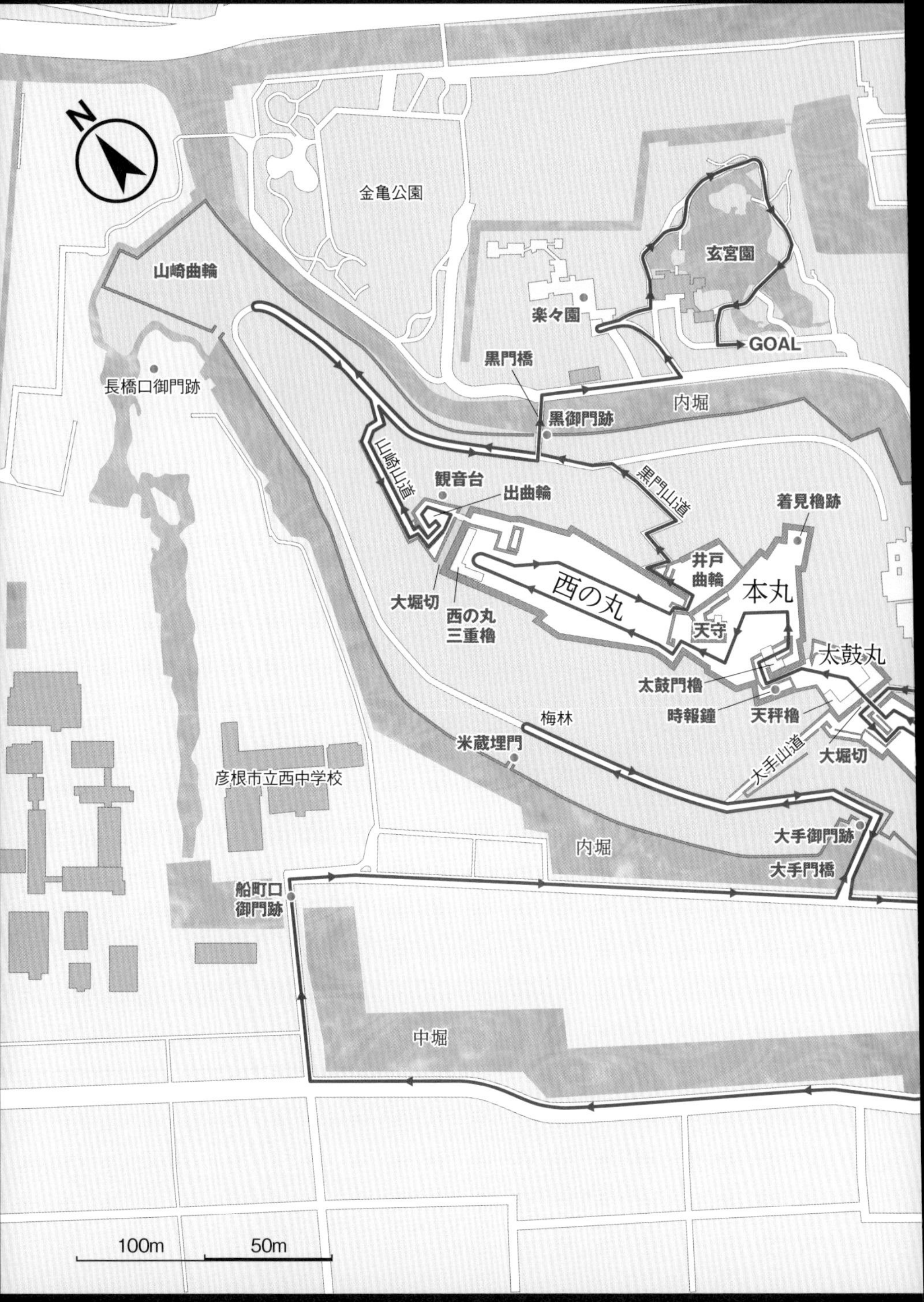
N
金亀公園
玄宮園
山崎曲輪
楽々園
GOAL
黒門橋
長橋口御門跡
内堀
黒御門跡
山崎山道
黒門山道
観音台
出曲輪
着見櫓跡
井戸
曲輪
西の丸
本丸
大堀切
西の丸
三重櫓
天守
太鼓丸
太鼓門櫓
時報鐘
天秤櫓
梅林
米蔵埋門
大手山道
大堀切
彦根市立西中学校
大手御門跡
内堀
大手門橋
船町口
御門跡
中堀
100m
50m

登城道「佐和口」を守る「佐和口御門」

江戸から帰った藩主を出迎えた「いろは松」

　JR「彦根」駅から駅前お城通りを北西に進むと、県道517号線に突き当たります。横断歩道を渡って県道517号線を越えた正面（西側）には、「滋賀県護国神社」が見えます。その前を左（南西）に、さらに、正面に見えてくる土産《みやげ》物店を左（南東）に折れ、突き当たった道を右（南西）に曲がり、50メートルほど進むと十字路にたどり着きます。左右に延びる道は、かつて城下から中山道《なかせんどう》・鳥居本宿《とりいもとしゅく》へ抜ける佐和山の「切通《きりとおし》」に通じていたため「切通口《きりとおしぐち》」と呼ばれていました。十字路を右（北西）に曲がって20メートルほどの場所に、藩主の井伊家が参勤交代の際に通ったとされる「切通口御門《きりとおしぐちごもん》」がありましたが、現在は石碑が残るのみです。

　切通口御門跡を過ぎ、中堀沿いの道を右（北東）に曲がります。しばらく進んで突き当たりで北西を向くと、白い「佐《さ》和口《わぐち》多聞《たもん》櫓《やぐら》」と、その向こうに天守が見えます。元和元年（1615）7月から再開された普請の際、馬から降りた藩主が天守を望めるように、意図的に設計されたと考えられています。

　天守に向かって北西に進んでいくと、中堀に沿って34本の松の木が植えられています。この松の並木は江戸時代では「松の下」と呼ばれていましたが、かつては松の木が47本あったことから、「いろは松」とも呼

切通口御門跡付近から見た佐和口多聞櫓と天守　この眺望のために、堀や櫓の位置が計算されたと考えられている。

ばれています。

いろは松は、江戸から帰ってきた藩主を家臣が出迎える場所とされていたため、城下町のなかでも道幅が広くつくられています。切通口で馬から降りた藩主は、徒歩でこのいろは松を通り、佐和口御門に入りました。藩主入国儀礼の重要な道であるため、植えられている松の品種は、根が地上に出て通行の妨げにならない土佐松が選ばれています。

いろは松の松並木　藩主が参勤交代の際に通る道には、全国的にも松が植えられている。

細工方の役所「佐和口多聞櫓」

いろは松に沿って進んだ先、城の南東に位置するこの場所には「佐和口御門」がありました。現在、門は現存しませんが、城の第2郭（内曲輪《うちくるわ》）にある4つの門のなかの1つです。城の大手側の「京橋口御門」、北西側の「船町口御門」、北側の「長橋口御門」とともに、重要な城門として使用されました。

佐和口御門跡　向かって左が、国重要文化財に指定されている佐和口多聞櫓で、右が開国記念館。

門の左に設けられた二重2階の櫓が、先ほど天守とともに眺望した佐和口多聞櫓です。この櫓は、門と一体となって巨大な食い違い出入口（敵の侵入が困難になるよう、意図的に通路を屈曲させた構造）を形成し、佐和口から侵入してくる敵から城を守っていました。詳細な創建時期は不明ですが、少なくとも彦根城がおおよそ完成していた元和8年（1622）には建てられていたとされています。

佐和口御門の古写真　明治9年（1876）に撮影されたもの。（彦根市立図書館提供）

門内の屈曲した通路に沿って、右に折れ、左手側の櫓を見ると、不自然に途切れているのがわかります。ここにはかつて、佐和口多聞櫓とつながる二重3階の櫓門《やぐらもん》が設けられていました。その2つの門で食い違い出入口を形成していましたが、明治元年（1868）に解体されました。そのため現在は、櫓門の基底石だけが残されています。

佐和口多聞櫓の堀に接した面には、三角形や四角形の穴が開けられています。これらは「狭間《さま》」と呼ばれる穴で、三角形の穴はこの穴から銃撃するための「鉄砲狭間」です。また、四角形の穴は、弓矢で敵を狙い撃つための「矢狭間」です。

堀に面した佐和口多聞櫓の壁は、敵からの攻撃に備えて二重壁となっており、厚みをもたせています。また、櫓内部には、白壁と鉄板を張った戸で仕切られた箇所が2つあります。これには防火壁としての機能があり、明和4年（1767）に起きた火災で同櫓が焼けたことを受け、明和6～8年（1769～71）の再建時に設けられました。

櫓は基本的に、射撃や見張りといった戦闘の拠点や、武器や武具などの保管庫として用います。しかし、彦根城では櫓によっては、行政機関としても利用されました。また、佐和口多聞櫓内には「御細工所《おんさいくしょ》」があり、細工方の役所としても活用されていました。

全国で唯一現存する「馬屋」

佐和口多聞櫓の反対側にも、長い櫓があります。これは明治元年（1868）に櫓門とともに取り壊されていましたが、昭和35年（1960）に日本開国100年を記念して外観復元されたもので「開国記念館」

となっています。開国記念館では、城内で発掘された出土物の展示や、彦根城の模型などが展示されており、入城者に城の見どころを伝えています。

開国記念館を出て北西に直進すると、正面に内堀が見えます。その左手（南西）には、こけら葺《ぶ》き屋根のL字形の建物があります。これは「馬屋」で、その名のとおり藩主の馬が飼育されていた施設です。

城内に馬屋が現存する城は、全国でも彦根城だけであり、とても希少な建造物です。彦根城にはこの馬屋だけでなく、「表御殿」（現在の彦根城博物館）の玄関脇にも馬屋があったとされ、こちらは客用として使用されていました。

馬屋の内部は、馬を収容するための仕切りが21設けられています。この仕切りの上部には、「猿耳」と呼ばれる飾りがあしらわれています。猿は古くから馬の守り神として信じられており、現在大衆芸能として扱われている猿回しは、かつては馬屋の祈禱《きとう》のために行われていました。

馬屋につながれた藩主の馬は、「馬役」と呼ばれる役職者によって管理されていました。馬役は、飼育している馬を調教するほか、藩主の子どもたちに馬術を指導する役割もありました。この馬屋と、前述した佐和口多聞櫓は、国の重要文化財に指定されています。

馬屋　全長62メートル。壁は上部を大壁とし、下方は板張《いたばり》となっている。かつては、門を挟んだ南側に20メートルほど建物が延びていた。

馬屋の内部　柱には馬をつなぐための金輪が4つ付けられている。仕切りの上部には猿耳があしらわれている。

馬屋の床下　板張と漆喰《しっくい》タタキですり鉢状につくられている。中央に据えられた容器に馬の糞尿がたまる構造。

城内 2

京都を意識して配した城南部の「京橋口」

彦根城下に残る最大の長屋門

馬屋からいろは松が並ぶ通りまで戻り、右折（南西）して中堀沿いの道を南西に進みます。突き当たった県道25号線を右（北西）に曲がり、しばらく進むと右手（北）に「京橋」が見えてきます。

その橋の向こうに石垣が見えますが、ここにはかつて、彦根城第2郭（内曲輪）の4つの城門の1つである「京橋口御門」がありました。城の南部に位置する第2郭の重臣屋敷と、第3郭である本町の間に設けられた枡形門でした。

「京橋口」という名称は、京都に向かって構えられた城の出入口を意味します。京橋口御門は、城の正面である本丸（第1郭）の「大手御門」に通ずるため、要所とされていました。

門の内側に形成される枡形には、橋に面した一の門として高麗門《こうらいもん》（城郭の外門などに見られる、切妻屋根の門）がありました。京橋口御門跡を過ぎ、石垣に沿って左折したところには二重3階の櫓を備えた二の門

京橋と京橋口御門跡　城下町側から見た橋と門。かつて門があった石垣の角は、算木積みで築かれている。

が、その左右に築かれた石垣の上には、多聞櫓も設けられ、南側端には二重3階の隅櫓を配置し、京橋口からの敵の侵入を防ぐ役割を果たしていました。

京橋口御門跡の石垣に沿って進むと、北東に延びる瓦屋根の建造物が見えてきます。これは彦根市の文化財に指定されている「旧《きゅう》西《さい》郷《ごう》屋《や》敷《しき》長《なが》屋《や》門《もん》」です。ここは3500石の彦根藩家老・西郷家の長屋門で、彦根城下に残っている長屋門のなかでは最大です。

長屋門とは、門の戸口の両側に部屋がつながる様式の門で、

京橋口御門付近の古写真　明治9年（1876）以前に撮影された京橋口御門付近の様子。右側には京橋口御門に据えられた櫓が写る。（彦根市立図書館提供）

櫓が失われた京橋口御門付近の古写真　昭和初期に撮影。この頃には石垣の上の櫓が取り壊されている。（彦根市立図書館提供）

旧西郷屋敷長屋門　出し桁や軒裏まで漆喰が塗り込められており、門の脇には番所の出格子窓がつけられている。

江戸時代を象徴する武家屋敷の門として知られています。寛保2年（1742）に建てられたものが、明治16年（1883）に行われた裁判所整備に伴って現在の場所に移されました。旧西郷屋敷長屋門の正面の外観はほぼ旧形を保っており、かつて武家屋敷だった姿を現代に残している貴重な遺構です。

　西郷家は遠州（現在の静岡県西部）の出身で、初代正貞《まさかず》は徳川家康に仕えていました。天正10年（1582）に家康の命で、のちに大坂冬の陣で武功を立てた彦根藩士・木俣守安《きまたもりやす》の父である守勝《もりかつ》とともに井伊直政の付家老となり、西郷家は幕末まで仕えることとなります。

　この周辺は彦根藩政の意思決定に関与した家老や中老、用人《ようにん》となる「笹の間衆」と呼ばれた1000石以上の重臣たちの居住地であり、「内曲輪《うちくるわ》」と呼ばれました。藩主の別邸であった「槻《けやき》御殿」や藩主子弟の屋敷、「藩校弘道館」も建てられていました。

西国では唯一の「腰巻石垣」

「滋賀県立彦根東高等学校」の正門を背に直進すると、右手（北）方向に城の内堀と桜並木が見えてきます。現在この内堀では時期に応じて、屋形船を運航し、水上からも城を見られるようになっています。屋形船は、実際に藩主が使っていたとされる船を、資料を元に再現しています。

　内堀の内側に目を向けると、石垣の上に芝の生えた土がかぶさり、その上にまた石垣が築かれているのがわかります。この土の下に築かれた石垣を「腰巻《こしまき》石垣」と呼び、土の上の石垣を「鉢巻《はちまき》石垣」と呼びます。石

内堀　馬屋から北東に進んだ場所から見た内堀の光景。春になると、堀沿いの桜が満開になる。

内堀を運航する屋形船　奥に写るのは佐和口多聞櫓。50分ほどの運航で、船上から城の様子が遊覧できる。

垣に挟まれた土部分は、崩れないよう少しずつ土を入れて固められています。こうした土塁は「土居」と呼ばれていますが、このように土をつき固めただけでなく、芝を張ったものを「芝土居」と呼びます。

腰巻石垣や鉢巻石垣は、彦根城以外だと、江戸城や会津若松城、信濃上田城などでしか採用されておらず、石材の少ない東国地域特有のものとされています。そのため、石垣普請の先進地とされる西国の彦根城で、古式である鉢巻石垣や腰巻石垣を採用している例は少ないと考えられます。

鉢巻石垣と腰巻石垣　水に接する石垣が腰巻石垣。その上部の芝上に築かれているのが鉢巻石垣。

3つの堀と琵琶湖の合流地点　大正6年(1917)に撮影。西の丸から見た松原内湖の様子。(彦根市立図書館提供)

彦根城でこれらの石垣が見られる理由としては、この周辺が芹川河口の湿地帯であるため、石垣を高く築くには基礎が不安定であることが挙げられます。また、井伊家がもともと東国出身であるということも理由として考えられています。

城内 3

水運の拠点として機能、内曲輪南西部の「船町口」

往時の姿を残す、多聞櫓への石段「雁木」

来た道を戻り京橋を渡って右（北西）に曲がり、しばらくまっすぐ進みます。中堀に沿って右折し北東へ進むと、「船町口《ふなまちぐち》」にたどり着きます。彦根城出入口の要所の1つです。

かつては「船町口御門」がありましたが、現在は石垣が残されているのみです。石垣の左右外側は中堀に囲まれており、石垣の角は佐和口や鉢巻石垣などでも見られた算木積みで組まれているのがわかります。

船町口は、彦根城内曲輪の北西部角に配されています。中堀を利用した船の運航拠点である、船町付近に建てられた船町口御門には、佐和口や大手口と同様に枡形を形成する二重3階櫓が据えられ、枡形を左折した先には一の門として高麗門が設けられていました。

しかし、明治期に取り壊されたため、現在はその姿を確認することはできません。船町口御門跡の石垣は、この櫓の土台として組まれたものでした。

船町口御門跡の石垣の手前、車道の左（北西）側の斜面に石段が組まれています。こうした階段は、雁木《がんぎ》と呼ばれます。かつて船町口御門に

船町口御門の古写真　左には高麗門が見え、奥には櫓が据えられている。（彦根市立図書館提供）

船町口御門跡　奥に写るのが、彦根市立西中学校の正門。春になると、石垣脇に植えられた桜並木が咲き誇る。

設けられていた、多聞櫓へ登るために組まれたものと考えられています。これらは現在、組まれた当時からほぼ変わらない状態で見ることができます。

彦根の偉人を輩出「藩校弘道館」

船町口御門跡の北側、現在の彦根市立西中学校の場所には、寛政11年（1799）に11代井伊直中のもとで「藩校稽古館《けいこかん》」（藩士教育のために建てられた施設）が創立されました。のちに、「弘道館《こうどうかん》」と改称されますが、「金亀《こんき》会館」（左下写真）は、その講堂でした。

しかし、明治4年（1871）の廃藩置県によって廃止されることとなり、大正12年（1923）に現在地の中央町に移築されました。彦根藩校で唯一現存する建築物として、彦根市の文化財に指定されています。

藩校弘道館は、井伊直弼《なおすけ》の開国論に多大な影響を与えた中川禄郎《ろくろう》や、直弼の腹心となった国学者・長野義《よし》言《とき》といった、彦根の歴史を語るうえで重要な人物を輩出しました。

雁木　かつて櫓が据えられていた雁木の上には、現在、桜の木が植えられている。

金亀会館　弘道館の講堂。ここでは武芸や国学、儒教、天文学や医学なども教授されていた。（公益社団法人　彦根観光協会提供）

築城時からの玄関口は大坂を向く「大手口」

正面突破を防いだ「大手御門」

船町口御門跡を抜け右（南東）に曲がり、しばらく進むと、左手（東）に「大手門橋」が見えてきます。内堀に架かったその橋を渡ったところに、かつては「大手御門」が設けられていました。彦根城の正面から本丸に攻め込む際の、最初の関門となります。

現在、彦根城の正面入口は佐和口多聞櫓を抜けた先にある「表御門」となっていますが、築城当時はこの大手御門が城の玄関として扱われていました。

大手御門は「西国の押さえ」として、大坂や、同じ近江国に建てられた安土城や八幡山城《はちまんやまじょう》などをつなぐ「下街道《しもかいどう》」（巡礼街道）の方向に設けられています。しかし、大坂の陣のあと、幕府の安定した統治の理念に従って進められた元和期の城郭改造により、江戸参勤を意識した中山道側に政庁（表御殿）が整備されました。それに伴い、表口として表御門が設けられることになります。

大手門橋の上からは、

大手門橋　大手御門跡に通じる橋。長さ約30メートル、幅約5メートルの橋で、大人2人がすれ違うのにゆとりがある。

大手口周辺の古写真　明治9年（1876）頃に撮影された写真。手前に写る橋が大手門橋。（彦根市立図書館提供）

43ページで述べた鉢巻石垣と腰巻石垣の様子がよくわかります。両石垣に挟まれた、芝の生えた土の部分は「犬走り」や「武者走り」と呼ばれ、石垣や土塁の崩落防止の役割があったとされています。しかし、敵が侵入する際の足がかりを与えてしまうという見方もされます。

橋を渡ってすぐの石垣は、算木積みで組まれているのがわかります。文化11年（1814）の史料であり、城郭を管理するうえで基本となる図として扱われていた『御城内御絵図《ごじょうないおんえず》』を見ると、この石垣と左手に見える端の石垣の間に門が設けられていることがわかります。さらに、かつて門があったこの場所を抜け、石垣に沿って左に折れた場所にも2階櫓門が設けられ、枡形を形成していました。この石垣の上には2階櫓があり、敵の侵入に備えていました。

さらに北へ進むと、右手に坂道が見えてきます。この大手山道を登った先には、天秤櫓が建っていますが、そちらへは行かず、道なりに進み米蔵跡へと歩みを進めます。

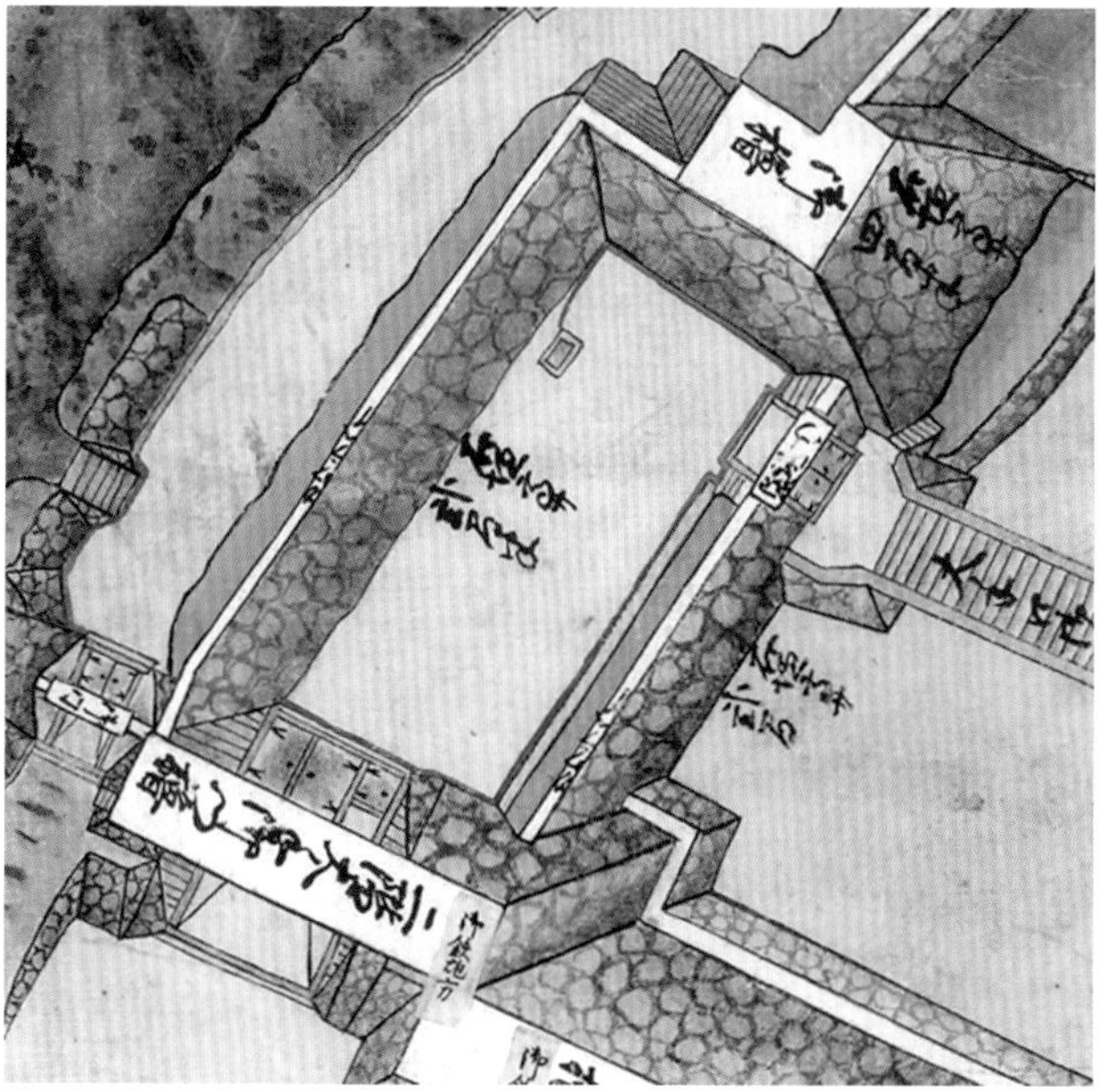

『御城内御絵図』（部分）　江戸時代の大手御門は枡形門だったことがわかる。（彦根城博物館蔵　画像提供：彦根城博物館/DNPartcom）

天守に向かって延びる大手山道　坂道頂上に見える石垣の上には、2階櫓の天秤櫓が建っている。

城内 5

梅林となった「米蔵跡」と米の搬入口「米蔵埋門」

5万俵の米を保管する17棟の蔵

内堀沿いに大手門の北側まで回り込むと、彦根山西側の麓にあたるその一角は、現在、約７４００平方メートルもの敷地をもつ梅林となっています。しかし、かつては5万俵（約３０００トン）の米を保管する蔵が17棟建っていました。

この米は「御用米《ごようまい》」や「御城米《ごじょうまい》」といい、幕府から軍事に備えた「兵粮米《ひょうろうまい》」として預けられたものでした。毎年領内の新米と入れ替えられ、古米は売却されました。彦根藩の領地が30万石であるにもかかわらず、「彦根35万石」といわれるのは、この5万俵（領地高では5万石）を加えて称されたからです。

米蔵が建てられた正確な時期はわかりません。『彦根御城米御勘定目録』の記述から推測すると、元和期の普請が時期として合致すると考えられています。

さらに遡ると井伊家の家老の１人・鈴木主馬がこの場所に居を構えていましたが、主君である井伊直継が上野国安中へと移封になると、それにつき従って彦根城を去ったため屋敷は取り壊されました。一時期は竹蔵が建っていたとも伝えられています。

琵琶湖と通じる内堀から米が運搬されていた

江戸時代には彦根城の内堀が琵琶湖までつながっていたことから、船で運ばれてきた米は松原内湖を経由し、内堀沿いの水門より搬入されていました。この門は塀の下に潜ったような見た目であることから「米蔵埋門《うずみもん》」と呼ばれていましたが、門そのものは現存しません。『御城内御絵図』を見ると、内堀に沿って17棟の米蔵が描かれ、米蔵群の中央には「米出し」という文字と、堀とつながる「埋御門」の文字が確認できます。

左右に築かれた石垣はその姿をとどめており、平成13年（２００１）には保存修理が行われました。なお、『彦もともと戦《いくさ》が起こった際に備えて幕府から預けられていた5万俵の米は、世の中が平和になっても彦根藩に託され、飢饉などの非常時の備蓄米として有効利用されたといいます。

米蔵跡の梅は彦根城が昭和25年（1950）に新日本観光地百選の1つとして選ばれたことを記念し、植えられたものです。シーズンになると約400本の木に紅白色とりどりの花が咲き誇ります。敷地内には井戸の跡も見ることができます。

現在は梅林となっている米蔵跡　かつては敷地の南北に人の出入りを管理するための番所が設けられていた。

米蔵埋門跡　船を使用し、内堀から米の搬入出を行っていた。

城内 6

城の新たなる正面玄関「表御門」

足元から感じ取る一の門の高麗門

来た道を戻り、大手門橋を渡ります。左折（東）して内堀を左に見ながら、堀沿いの道を進むと、左手に内堀に架かる橋が見えてきます。これが「表門橋」で、その橋の先には「表御門」が建っていました。46ページでも紹介したように、表御門は、大手御門とは別に新しく設けられた城の正面入口で、中山道に向いていました。

橋を渡り切った地点で足元を見てみると、扁平《へんぺい》の石材が埋められているのがわかります。これはかつて、この場所に高麗門が建てられていたことを示す礎石です。ほかの門と同様に、表御門も高麗門の一の門、高麗門を抜けた先に二の門を設けて、枡形を形成していました。

橋を渡り石垣に沿って右（北西）に回ると、正面右手に切り立った石垣が見えます。かつてこの石垣の上に2階の櫓があり、門と一体となった櫓門として、二

表門橋　中堀の外側から城側に向かって撮影。橋を渡り切った地点の足元に埋まる石材が、高麗門の礎石。

表御門の古写真
明治9年（1876）に撮影された写真。左側に櫓門と高麗門が写る。右側の建物は表御殿。（彦根市立図書館提供）

の門の役割を果たしていました。そして、その櫓門に向かい合う形で、隅櫓《すみやぐら》が設けられていました。この石垣からも、枡形を形成していた当時の痕跡をたどることができます。

城内5か所に設置「登り石垣」

表門口の枡形内からは確認しづらいですが、北西に向かって延びる左手の石垣の奥に、斜面に沿って石垣が延びています。この石垣は「登り石垣」と呼ばれ、敵が坂の斜面を横断するように攻めてくることを阻むために設けられました。

登り石垣はおよそ2〜3メートルの高さで、豊臣秀吉が朝鮮出兵のために朝鮮半島南部の各地で築いた「倭城《わじょう》」でよく見られます。倭城での登り石垣は、城の防衛のほか近くの港も守る役割を果たしていました。

登り石垣は全国的にも希少な石垣で、彦根城のほかでは、伊予（現在の愛媛県）の松山城や、淡路国《あわじのくに》洲本《すもと》（現在の兵庫県洲本市）の洲本城などでしか見られません。彦根城では表門口のほかに、城の北側に位置する「黒門口」や、南東の「裏門口」など合計5か所で見ることができます。

また、彦根城の登り石垣には、石垣の上に瓦塀《かわらべい》も築かれていたとされ、防御面で優れていました。

朝鮮出兵に加わっていない井伊家の城で、なぜこれほどの登り石垣が築かれているかは、現在明らかになっていません。しかし、彦根城の築城に多くの大名が関わっているため、そのなかに朝鮮半島で登り石垣を築いていた人物がいた可能性もあるといいます。

登り石垣　朝鮮出兵の際、秀吉軍によって倭城に築かれたものが、登り石垣の起源であると考えられている。

城内 7

藩を治める拠点であり藩主の住居「表御殿」

彦根藩にあった3つの御殿

表門橋を渡り、左手の石垣に沿って直進していくと現れるのが、「彦根城博物館」です。この場所は、かつて彦根藩の政治拠点であり、藩主の居住地であった「表御殿《おもてごてん》」の跡地です。その御殿の復元と、彦根市市制50周年の記念を兼ねて、昭和62年（１９８７）に博物館が建てられました。

彦根城にはこの表御殿のほかに、城の北東に位置する「槻御殿《けやき》」、城の北部郊外に建てられていた「お浜御殿（松原下屋敷）」の３つの御殿がありました。表御殿の総敷地面積は、ほか２つの御殿よりも小さいですが、それでも１万平方メートルを超えていました。

表御殿の建造は、慶長20年／元和元年（１６１５）から元和８年（１６２２）の間、井伊直孝《なおたか》が藩主をつとめた期間だと考えられています。それ以前の藩主は、大坂の陣を前にした軍事的緊張下に建造された、本丸天守前の御殿に居住していました。その御殿が手狭となり、より広大な山麓に表御殿が建てられたと考えられています。

彦根藩政の中心となった「表向」

彦根藩政を執り行う場所として使用された表御殿は、政治や行事、儀礼を担う「表向《おもてむき》」と、藩主が生活する「奥向《おくむき》」に分けられます。表向は、御殿の出入口となる「玄関棟」や、身分の高い藩士のみ立ち入りが許された「御書院棟《ごしょいん》」、藩主が公務の合間に休息する「表御座之間棟《おもてござのま》」など6棟がありました。

彦根城博物館に入ってすぐの玄関には、かつて「式台《しきだい》」がありました。また、現在講堂となっている場所には、案内役が待機する「寄附《よりつき》」という部屋が設けられていました。ここで待機する案内役が、表御殿を訪れた客をもてなしたといわれています。

博物館内のホール辺りは、藩政期に「御広間棟」が

彦根城博物館　左奥が玄関棟で、右が御書院棟。外観や館内構造は表御殿を再現している。

ありました。この棟は、「桜の間」「御広間」「御上段」「松の間」の4つの部屋に分かれていました。現在テーマ展が行われている展示室1の場所に、最も広い松の間が、展示室2に入ってすぐの場所に、最も位の高い御上段がありました。

展示室2を出た先の展示室3と展示室4は、かつて御書院棟だった場所になります。この棟は、行事の際に使用され、「麦の間」「鶴の間」「杜若《かきつばた》の間」「御書院」「御上段」の5つの部屋に分かれていました。

藩主の休息の場だった「奥向」

展示室3を抜け、学習コーナーを超えてすぐの場所には、「鞠場《まりば》」がありました。休息スペースの出入口すぐ右（北東）側からは、かつて奥向があった場所です。鉄筋コンクリート造で再現された表向とは異なり、奥向は伝統的な木造建築で再現されています。

奥向は、藩主の居間である「御殿向《ごてんむき》棟」、奥女中の仕事場であり生活空間でもある「御広敷《おひろしき》棟」と「長《なが》局《つぼね》棟」の3つの棟に分かれていました。奥向と表向の境界は「御鎖口《ごじょうぐち》」と呼ばれ、見張り役が待機して人の出入りを厳しく監視し、一般の藩士は奥向に、奥向の奥女中は表向に入ることができませんでした。

　奥向に入ってすぐの「御休息の間」を北東に抜けると御殿向棟です。右手（南東）に設けられた「天光室《てんこうしつ》」という茶室は、13代直弼が好んで使っており、家臣や彦根領内にある寺院の住職たちを招いて何度も茶会を主催しています。

天光室　広さは4畳半。御殿向棟から庭園に向かって出っ張るように設けられている。

　天光室を抜け、さらに北東に進むと「御座《ござ》の御間《おんま》」が広がります。ここは藩主の居間として使用され、南東の襖《ふすま》を開けると、庭園が広がります。現在復元されているこの庭園は、保存状態が良好な遺構が発見されたことと、詳細な絵図が残されていたことから、史料を参照して当時の趣を忠実に再現されています。

　御座の御間から北西に延びる「高御廊下《たかおんろうか》」を渡った先には「御客座敷《おきゃくざしき》」や御座の御間が設けられ、御座の御間の北東には、藩主がくつろぐためにつくられた、表御殿では唯一の2階建て建造物「御亭《おちん》」が建っています。「御広敷棟」は現在、博物館の管理棟となっています。御座の御間の北側に設けられた長局棟では、奥女中が生活していました。

　来た通路を戻り、展示室5から展示室6へと向かいます。ここは「表《おもて》御座《ござ》の間《ま》」と呼ばれ、藩主が政治を取り仕切る場でした。彦根藩の重要事項の相談と決定は、この場所で行われていたといいます。

　表御座の間と同様の役割を果たしていた「笹の間」は、現在の展示室6の一部や能舞台の鏡の間（控え室）の場所に位置していました。笹の間は、上級藩士が仕事をしていた御用部屋であり、藩主のそばに仕える側《そば》役《やく》や、奥向役人の人事管理を任されていた用人《ようにん》たちの仕事部屋も並んでいたとされます。

　現在立ち入ることはできませんが、笹の間のさらに北西方には「台所棟」が建っていました。台所棟内の「料理の間」には竈《かまど》が並んでおり、料理人やその手伝いが藩主や表向でつとめる人々の食事や、儀礼の際の食事をつくっていました。

表御殿で唯一現存する「能舞台」

彦根城博物館の中央、御広間と御書院があった場所に面して、「能舞台」が建てられています。これは寛政12年（1800）、11代直中《なおなか》の時代に建てられた舞台です。この時代は能役者を積極的に城へ招き、演能が盛んに行われていました。能が披露される際は、藩士が集結したとされる御広間と、上級藩士のみが立ち入れた御書院が見所《けんしょ》となりました。

この能舞台が表御殿に建てられる以前から、井伊家では演能が活発に行われており、4代直興《なおおき》は多くの能役者を召し抱えていました。これは、能を好んでいた5代将軍・徳川綱吉への順従の姿勢を示すためという説もあります。

能舞台は、明治11年（1878）に一度解体され、彦根市内の井伊神社や護国神社などに移されていましたが、表御殿の復元として彦根城博物館が建造される際に、合わせて移築復元されました。現在は、彦根市の文化財に指定されています。

表御殿の発掘調査では、能舞台や後座《あとざ》（舞台後方。笛や鼓を奏でる場所）、橋掛り（演技の距離感や立体感を強調するために設けられた廊下）などの位置関係が、明瞭にわかる遺構が発見されています。また、それらの下には、叩《たた》き漆喰《しっくい》（三和土《たたき》）でつくられた巨大な枡が発見されました。これは、能役者が舞台を蹴る音を増幅させる、音響効果のための共鳴装置だったとされています。

一般的に甕《かめ》が使用される能舞台の音響装置が、なぜ彦根城表御殿の能舞台では枡なのかは定かではありません。全国的にも類を見ない貴重な遺構として、この枡も復元されています。

正面から見た能舞台　広さ約6メートル四方。表御殿に残る唯一の遺構。奥の鏡板には老松が描かれている。左奥に続いている廊下が高御廊下。

井伊家の貴重な資料を展示する「彦根城博物館」

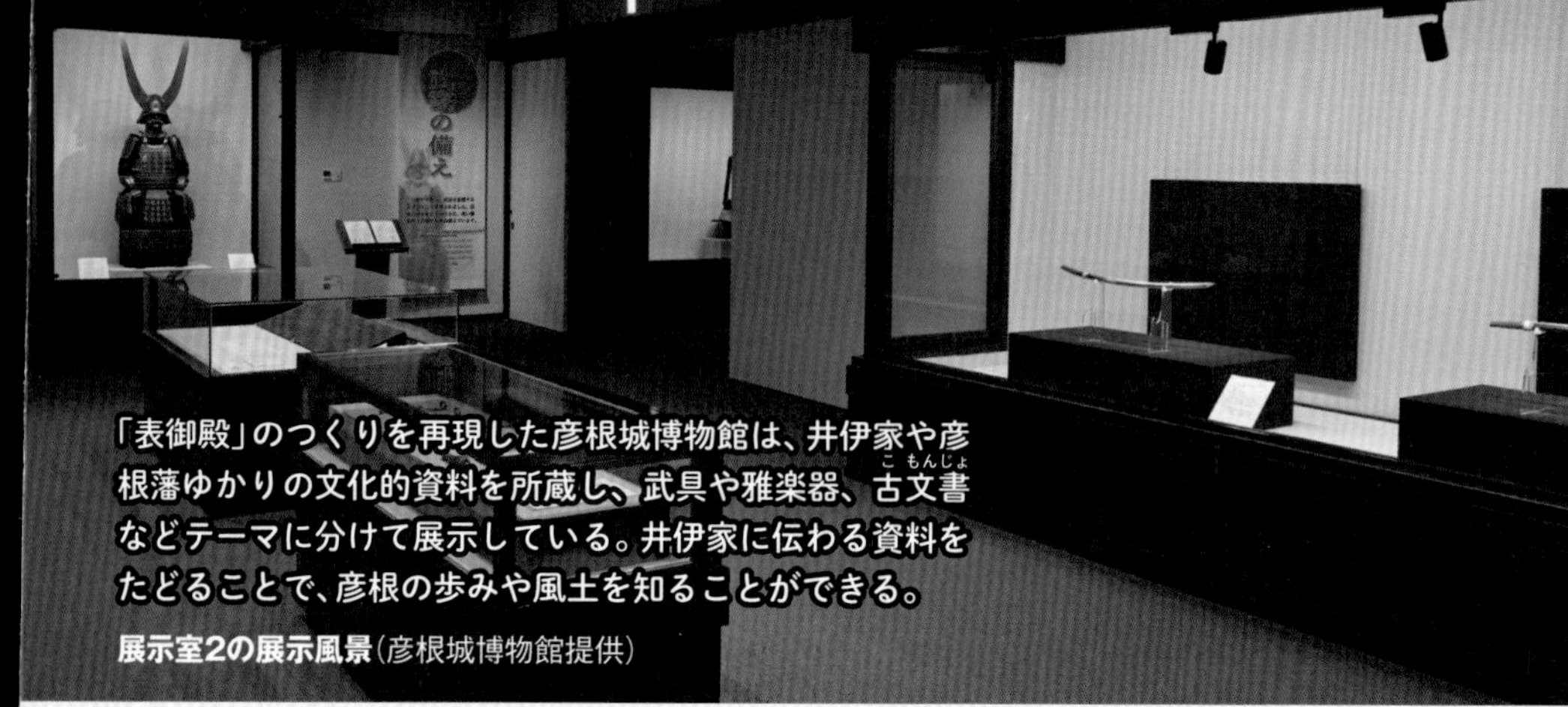

「表御殿」のつくりを再現した彦根城博物館は、井伊家や彦根藩ゆかりの文化的資料を所蔵し、武具や雅楽器、古文書《こもんじょ》などテーマに分けて展示している。井伊家に伝わる資料をたどることで、彦根の歩みや風土を知ることができる。

展示室2の展示風景（彦根城博物館提供）

月替わりに催されるテーマ展にて彦根の武具や鷹狩りの全体像を追う

彦根城博物館では現在、約9万8000点の資料が収蔵されています。そのなかには、井伊家に伝わる美術工芸品や古文書などの資料、約4万5000点があります。

館内はかつて表御殿の表向だった場所に6つの展示室を展開し、奥向だった場所では御客座敷《おきゃくざしき》や御座《ござ》の御間《おんま》、庭園などが再現されています。受付を抜けてすぐの「展示室1」では、テーマ展が開催されています。

取材を行った令和5年（2023）1月の「彦根藩の年中行事」というテーマ展では、かつて彦根藩で行われた正月行事の様子をはじめ、彦根藩の年中行事を紹介していました。そこで展示されていた「黒漆塗《くろうるしぬり》橘紋蒔絵《たちばなもんまきえ》膳椀類《ぜんわんるい》」は、その名称からもわかるように、椀や皿などの一式です。それらをまとめる箱に「御高盛御膳部」と書かれていることから、高盛（飯や惣菜を高く盛ること）のためのものとされています。黒い漆塗に金の紋章が象徴的です。

過去には、明治5年（1872）以降の旧彦根藩主井伊家に伝わる近代文書約1万8000点の調査完了を記念して、その一部を公開した特別展示「井伊家と近代彦根」が催されました。この特別展示では、井伊家の家政機能を担い、彦根近辺で所有している井伊家の土地や井伊家に関わりの深い寺社の管理などを行っていた「千松館《せんしょうかん》（井伊家別邸）」にちなむ資料が、数多く公開されました。

このほか、井伊家や知行取《ちぎょうどり》藩士（主君から俸給として土地が分け与えられていた藩士）、足軽が使用した武具や、井伊家で行われていた鷹狩りの全体像に迫るテーマ展が行われました。雛祭りや水の意匠に着目した展示も企画され、月替わりで幅広いテーマの展示が催されています。

「武家の備え」と銘打って赤備えの甲冑や刀剣が展示

「展示室2」から「展示室6」までは、すべて常設展となっていますが、約1～2か月で展示内容が入れ替えられます。展示室2では、「武家の備え」と銘打って、武家の象徴である甲冑や刀剣といった資料が展示されています。3代井伊直澄が召替え用として所用した「朱漆塗《しゅうるしぬり》紺糸威《こんいとおどし》縫延《ぬいのべ》腰取《こしとり》二枚胴具足《にまいどうぐそく》」のような藩主所用の武具や、刀剣、井伊家の家紋があしらわれた「黒漆塗《くろうるしぬり》橘《たちばな》紋《もん》蒔絵《まきえ》鞍《くら》」のような馬具などの資料を見ることができます。

「朱漆塗紺糸威縫延腰取二枚胴具足」の兜は、歴代の甲冑で唯一、唐の頭（兜についている白い毛）を装着するための金具がついているという点が特徴的です。県の有形文化財に指定されています。

藩主所用の武具でいうと、13代直弼の指料《さしりょう》（腰差しとして用いる刀）が見ら

展示室1の展示風景（彦根城博物館提供）

れることもあります。表銘に「粟田口一《あわたぐちいっ》竿子忠綱《かんしただつな》」と刻まれていますが、一竿子忠綱とは浅井近江守忠綱の子で、大坂の名工です。忠綱が作刀で活躍していた時期、大坂では刀の需要が増大し、多くの名工が輩出されました。

「黒漆塗橘紋蒔絵鞍」は、江戸時代中期から後期の馬具です。先ほど黒漆塗橘紋蒔絵膳椀類のあしらいでも見られたように、黒塗に紋入の道具は、おもに江戸城への登城をはじめとする公的な職務で使用されていた、式正《しきしょう》の武具でした。

能面に茶道具、「湖東焼」などの彦根文化の象徴的資料が充実

展示室3は「幽玄の美」と題し、能面や能装束といった芸能に用いられていた資料が展示されています。取材当時には、入室してすぐの空間に、女面や鬼といった6つの面が展示され、奥に進むと能面とともに稲穂や芦があしらわれた能装束が並んでいます。

展示室3の展示風景（彦根城博物館提供）

展示室4から見る能舞台（彦根城博物館提供）

老翁《ろうおう》の顔でつくられた「白色尉《はくしきじょう》」は、室町時代の面とされ、演目『翁《おきな》』専用の面です。『翁』は、能が成立する以前に行われていた儀式的な祝言だったとされています。

同室では「数寄の世界」と銘打った、茶道具や藩窯として隆盛を極めた「湖東焼《ことうやき》」などが展示されています。井伊家に伝わる茶道具は和物のみならず、中国か

ら伝わった唐物《からもの》も数多くあります。
彦根城博物館の中央には、江戸時代に建設された能舞台が現存し、かつて彦根城内で盛んであった能や、狂言が定期的に上演されています。展示室4からは、その舞台を見ることができます。

展示室5の展示風景（彦根城博物館提供）

展示室5は「雅楽の伝統」と冠され、12代直亮《なおあき》が収集した日本有数の雅楽器が展示されています。直亮は雅楽器の収集家として知られるほか、みずから演奏したり管弦の会を催したり、造詣が深かったとされています。

家の格式を道具で示す時代で、井伊家で重んじられた調度品が展示されているのが、「風雅のたしなみ」と題した展示室6です。こちらでは書画や鳥籠といったものが展示されており、その精緻な描写やつくりを堪能できます。

同室では「古文書が語る世界」として、井伊家に伝わる文書の数々も展示されています。なかでも、約2万7000点にも及ぶ「彦根藩井伊家文書」は、国の重要文化財に指定されており、井伊家の立場や役割、藩政にかかわる古文書が伝えられています。

彦根城博物館に展示されている資料の半数以上が、能や雅楽器、茶道具などで大名文化を物語るもので占められています。その質の高さから、大名井伊家の格式が感じられます。

庭園　復元された表御殿部分には、江戸時代の庭園も再現されている。（彦根城博物館提供）

近世城郭で最大規模、挟撃で防衛「大堀切」

敵の歩調を乱す「表門山道」

　彦根城博物館の南側に設けられた瓦屋根の券売所を過ぎると、北西に向かって約80メートルの坂道が延びています。「表門山道」と呼ばれるこの坂道は、左右に木々が茂る、自然豊かな空間となっています。

表門山道

　表門山道を登っていくと、一息では次の石段を登れないようになっていることに気がつきます。これは敵が侵入した際にその歩調が乱れ、侵攻が遅れるように、あえて石段を不規則な配置にしているからです。加えて山道の坂の角度は、券売所で杖を貸し出すほどの傾斜を誇ります。

鐘の丸へと続く希少な堀切

　表門山道を登ると、左右を石垣に挟まれた空間が広がります。この石垣と石垣の狭間《はざま》は、彦根城が建てられている彦根山の尾根を割り、人工的に掘ってつくられた通路です。こうした通路は「堀切《ほりきり》」と呼ばれますが、近世城郭でこれほどの規模を誇る堀切は希少です。

　この大堀切では、大手山道と、表門山道との交点で、守備の要となる場所でした。そこに築かれたのが白壁の櫓「天秤櫓《てんびんやぐら》」です。それぞれの道を登った先にはかつて櫓門が設けられていました。

　その向かいの石垣の上は「鐘の丸」となっていますが、ここに至る通路にも櫓門と多聞櫓が設けられ、入口を突破して本丸へ向かってくる敵を、いくつもの櫓から挟み撃ちにすることができました。

彦根城にある大堀切は、表門山道と大手山道の合流地点だけではありません。城の北西に設けられた西の丸三重櫓と出曲輪の間でも見ることができます。

有事には落として敵を妨害した「廊下橋」

表門山道と大手山道の合流地点にある大堀切には、天秤櫓と鐘の丸をつなぐ約8メートルの橋が架かっています。この橋は「廊《ろう》下《か》橋《ばし》」と呼ばれており、彦根城の本丸に向かうためには、この廊下橋の下をくぐって、橋を渡らなければいけません。

そのため有事の際には、この廊下橋を意図的に落とすことで、敵の侵入を一時的に防ぎ、守備までの時間を稼ぐためだとされています。こうした橋の使用法から、廊下橋は「落とし橋」とも呼ばれていました。

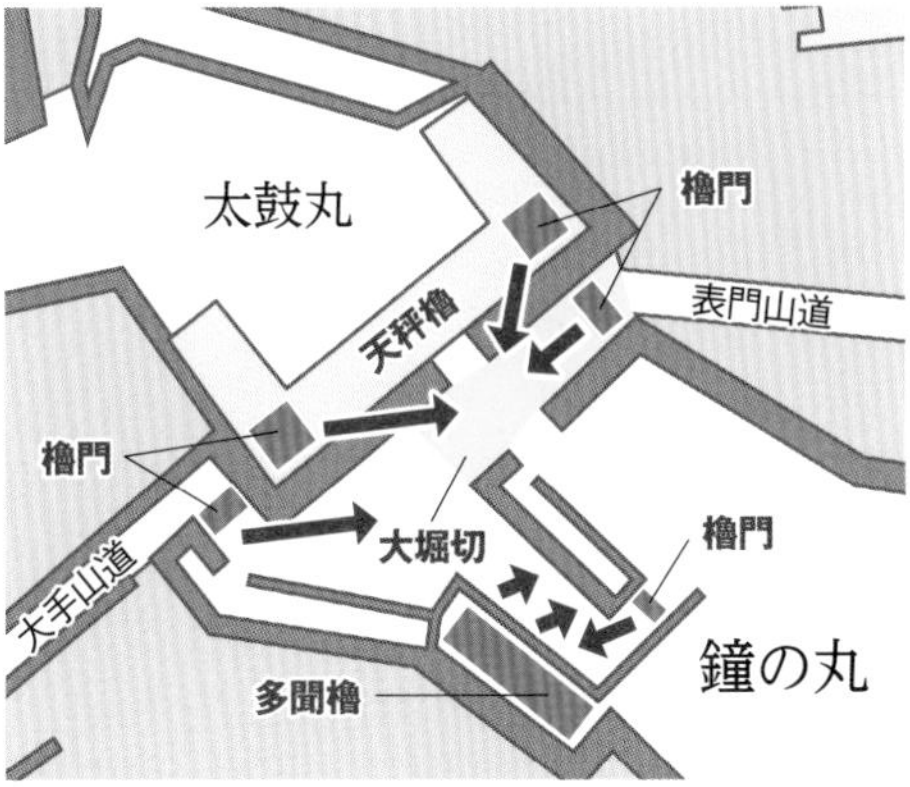

藩政期は多くの櫓から敵を挟み撃ちにできた。

現在の廊下橋は、昭和40年（1965）に復元されたものです。現在は開かれた木造橋として設けられていますが、かつては橋の上を移動する人の動きが外からでは確認できないよう、壁と屋根があったとされています。現在、廊下橋を支える4本の柱は、大堀切の地面に固定されています。しかし、かつては天秤櫓と鐘の丸の石垣の途中部に設置されていました。

山道途中で見る天秤櫓 表門山道の終盤まで登ると、木々の間から白壁の天秤櫓が見えてくる。

「牛蒡積み」で築かれた400年前の石垣

廊下橋が架けられている石垣を見てみると、使用されている石材の形状や積み方に差異があることに気がつきます。鐘の丸側の石垣に目を向けると、その角部は42ページの腰巻石垣でも紹介した、算木積みで組ま

廊下橋の橋桁下部　廊下橋の下をくぐると、その底面を観察することができる。

廊下橋の古写真　（彦根市立図書館提供）

左右で石垣の積み方が異なる天秤櫓　天秤櫓の石垣は右側（東）と左側（西）で積み方が異なり、右側は牛蒡積み、左側は落とし積みとなっている。

れていることがわかります。この周辺の石垣は、越前（現在の福井県）の石工《いしく》「越前衆」によって組まれたものであると記録に残っています。

天秤櫓側の石垣も、角は算木積みで組まれています。しかし、天秤櫓側の石垣の向かって右側では、自然な形状の石材が使用されているのに対し、左側では人工的に割った切石《きりいし》が使用されています。

さらに組み方を見てみると、右側では大きな石材が奥になるよう積まれており、そのすき間に小石を詰め込むようにして築かれています。こうした工法はゴボウのような長めの石材を用いることが多かったため「牛蒡《ごぼう》積《づ》み」と呼ばれています。この周辺は彦根城が築城された約400年前の石垣とされています。

左側の石垣は、切石を石組みの谷部へ斜めに落とすように積まれています。この工法は「落とし積み」と呼ばれており、江戸時代終盤の160年ほど前に築かれた石垣とされています。

城内 9

かつては鐘音を届けた防衛の要所「鐘の丸」

かつて直継が居住した「御広間」

　廊下橋をくぐって左（南）に曲がると、石段が設けられた緩やかな傾斜が続いています。左右を石垣に挟まれたこの道を直進し、石垣の突き当たりをまた左（東）に曲がってさらに石段を登っていくと、売店が建つ広場が見えてきます。

鐘の丸に続く石段　廊下橋を曲がってすぐの坂道。この突き当たりを曲がらなければ、鐘の丸に到着できない。

　ここはかつて「鐘の丸」だった場所です。「鐘《かね》突《つき》所《どころ》」があったことから、こうした名称で呼ばれていました。鐘突所は現在「太鼓丸」に移されていますが、これは鐘の音が城下町の北部まで届かなかったからだとされています。

　石段を登り切った場所から売店を正面に見て、左（北）側に目を向けてみると、先ほど大堀切で見上げた廊下橋と、天秤櫓の前面が見えます。その反対側には、「御広間《おんひろま》」と「御守殿《ごしゅでん》」と呼ばれる2つの建物がありました。御広間は、井伊直継《なおつぐ》が佐和山城から彦根城に移った際、本丸が完成する慶長11年

鐘の丸から見た天秤櫓　鐘の丸から北東方向に向いて撮影。

（１６０６）まで過ごしていた場所とされます。しかし江戸時代中期になって、江戸にある彦根藩の屋敷に分解して運ばれたため、文化11年（１８１４）作成の『御城内御絵図』にも記されていません。

御守殿は、宿泊施設としてつくられた建物でした。2代将軍・徳川秀忠《ひでただ》の子である和子が、京都の後《ご》水《みずの》尾《お》天皇のもとへ嫁入りする際に準備されました。明治初期に大津へ移されたため残っておらず、現在は井戸が１つ残されています。

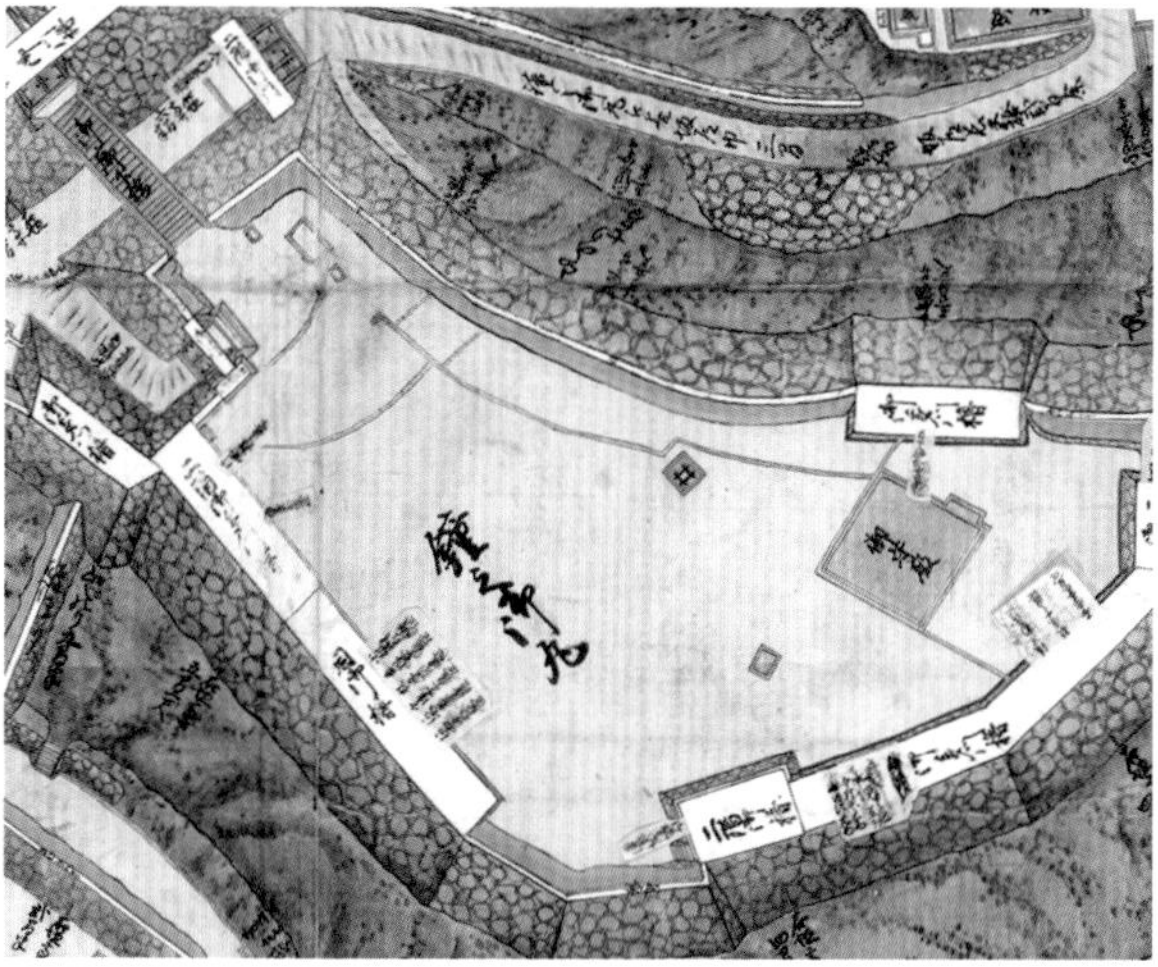

『御城内御絵図』（部分）　北側にある廊下橋の反対側に御守殿と井戸が配置されている。（彦根城博物館蔵 画像提供：彦根城博物館/DNPartcom）

鐘の丸の井戸　現存する井戸の周辺にはカエデが植えられており、秋には紅葉で色づく。

「天下一」と普請奉行が称賛する配置

城の第1郭の最南部にあるこの鐘の丸は、早期に完成したとされており、彦根城の築城が開始された慶長9年（１６０４）の暮れには仕上がっていたと考えられています。本丸に匹敵するほどの広さを誇り、『井伊年譜』には「天下無双ノ要害ト早川毎度自慢ノ由」との記載が残っています。彦根藩の普請奉行であった早川弥惣左衛門《はやかわやそうざえもん》は、この鐘の丸を「天下一」だと自慢したようです。

それほど弥惣左衛門が胸を張ったのは、表御門と大手御門両方の出入口を見下ろすことができて、どちらから敵が侵入してきたとしても迎撃できやすい位置に鐘の丸を配置できたからだと考えられています。鐘の丸は本丸に向かう際に必ず足を踏み入れる場所です。大堀切の廊下橋（落とし橋）と合わせて、城の防衛拠点として重要視されていました。

城内 10

本丸までの第二関門、太鼓が響く「太鼓丸」

江戸と京都を向いた櫓「天秤櫓」

廊下橋の上から北側を向き、重要文化財である天秤櫓を正面から見てみます。西と東の両端に二重2階の櫓を設けたつくりの天秤櫓は、上空から見るとコの字形になっており、天秤のような形状であることから、このような名がつけられています。しかし、格子窓の数や両端の櫓の棟の向きが異なっており、左右対称ではありません。右側の櫓の2階部の入母屋破風《いりもやはふ》は東方向の江戸に向けられており、反対側の櫓は京都の方角に向けられています。

天秤櫓の櫓内部は、大堀切のある外側の壁が二重にされています。また、銃撃用の狭間はわずかしか設けられていません。

天秤櫓から見た廊下橋　大堀切から坂道(写真右)を登り、鐘の丸(写真奥)を抜けてくる敵を確認できる。

天秤櫓から大手口方向を見た光景　格子は狙撃に備えて菱形の木材が用いられている。

『井伊年譜』によると、「鐘ノ丸廊下橋、多聞櫓ハ長浜大手ノ門ノ由」と記されており、彦根城と同じ近江国に築かれていた長浜城の大手門を移築したものと伝えられています。しかし、昭和30年代に行われた解体修理では、移築された建築物であることは断定されたものの、長浜城のものであるかはまだ不明となっています。

『井伊年譜』にはほかにも「今ニ所々藤ノ丸ノ紋ノ瓦残リ有之」と記載しています。現在の天秤櫓に使用されている鬼瓦には、藤紋が刻まれています。

藤は日向国（現在の宮崎県とその周辺）延岡《のべおか》藩主であり、長浜城主でもあった内藤家の家紋です。内藤家が家紋に使用している藤紋は、花房が上がっている「上がり藤」です。

ところが、実際に天秤櫓で使用されているのは、その逆の「下がり藤」です。この理由については、現在使用されている鬼瓦が築城当時のものではなく、明治25年（1892）の修理時に製作されたもので、修理の際に瓦職人が上下反対に製造したものと考えられています。

天秤櫓　東の櫓から西の櫓までは約40メートル。特別公開日には、櫓の内部に入ることもできる。

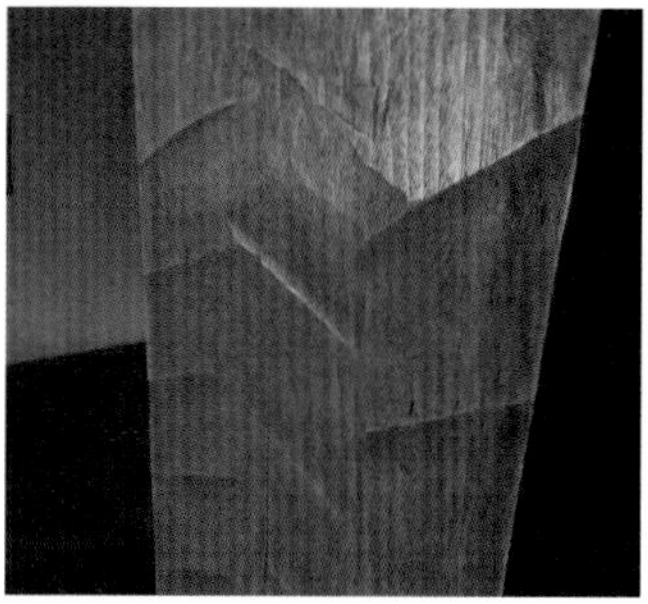

天秤櫓の柱　釿《ちょうな》（鉋《かんな》代わりに用いられていた工具）の跡が現存しており、当時の木材加工の様子を観察できる。

「時報鐘」の音色は音風景100選に選定

天秤櫓の中央に設けられた門をくぐると、「太鼓丸」にたどり着きます。太鼓丸は本丸の目前に位置づけられていて、鐘の丸を本丸への第一関門とすると、太鼓

時報鐘　鐘の内部に製造者の名前が刻まれているが、確認するためには許可が必要。

丸は第二関門とも称されています。

天秤櫓を越えて、約60メートルもの坂を登っていくと、左（南）側に瓦葺きの茶屋が見えてきます。その隣には、「時報鐘《じほうしょう》」が設置されています。

時報鐘は、もともと鐘の丸にあった鐘突所が太鼓丸に移されたもので、江戸時代から現在まで絶えることなく時を告げ、現在は朝6時から18時まで、3時間おきに鐘の音を響かせています。この鐘の音は彦根市民から「お山の鐘」として親しまれており、環境省の「日本の音風景１００選」にも選定されています。

現在見られるこの鐘は、天保15年／弘化元年（１８４４）に12代直亮《なおあき》によって発注されました。製造は、愛知郡長村《えちぐんおさむら》（現在の東近江市長町）の鋳物師《いもじ》（鋳物職人）である黄見新左衛門《おうみしんざえもん》を含めた5人で、鐘の内側には新左衛門たちの名が刻まれています。

背面が開放された「太鼓門櫓」

時報鐘を背に、北へ向かって石段を登っていくと、右（東）側に「太鼓門櫓」が見えてきます。この櫓は、本丸の表側を守る重要な櫓とされており、天秤櫓と同じく重要文化財に指定されています。

太鼓門櫓の手前に広がる外枡形（曲輪の外に突き出すように設けられた枡形。曲輪内部を狭めずに設けることができる）の石垣は、彦根山の岩盤を削ってつくられました。太鼓門櫓を正面に見て左（北）側の石垣には、自然の岩盤があらわになった箇所が確認できます。

櫓門と、付属する多聞櫓で構成されている太鼓門櫓は、その背面に大きな特色があります。通常の櫓門は、背面も塗籠《ぬりごめ》(土などを厚く塗り込んだ壁で囲まれた室)の大壁ですが、太鼓門櫓では壁面が開放されており、柱間に高欄《こうらん》をつけて1間通りを廊下にしています。太鼓門櫓をくぐって2階を見上げると、その様子が観察できます。このようなつくりにしている理由は、櫓内に置いた太鼓の音が、城内に聞こえるように考えられています。

太鼓門櫓には、門の柱に釘跡があります。この釘跡は、古い時代の寺で巡礼に訪れた参拝者が門などに打ちつけた納札《おさめふだ》の痕跡と考えられてきました。そこから太鼓門櫓は、彦根城築城前に彦根山に建っていた彦根寺の門を移築したものという説が生まれました。

しかし、昭和31年（1956）から翌年にかけて行われた修理によって、彦根城に移される前もどこかの城門だったことが明らかとなっています。具体的にどの城の門だったのかは定かではありませんが、近隣の古城からもち運ばれ、移設されたものと考えられています。

太鼓門櫓前の外枡形　左右の石垣は岩盤を削ってつくられたもの。左奥に見えるのは天守。

太鼓門櫓
上空から見るとL字形になっており、短辺は表御門跡(東)側に延びる。

太鼓門櫓の背面　特別公開日では櫓内部を見学することができ、廊下部を間近で観察できる。

城内 11

藩政の中枢を担った かつての拠点「本丸」

平和とともに表御殿に役目を移行

太鼓門櫓を抜けた先に広がる空間が、彦根城の本丸です。彦根山の最頂部に築かれたこの本丸には、彦根藩主であった井伊直継が暮らす「御広間《おんひろま》」が建てられ、その周囲には貴重な財宝を収める「御宝蔵《おんほうぞう》」や「御台所《おだいどころ》」、侍女が暮らす「長局《ながつぼね》」などの建物が取り囲んでいました。また、本丸の東端には、江戸から帰ってくる藩主の到着を見張る「着見櫓《つきみやぐら》」がありました。建物は彦根城のなかでは珍しく屋根に入母屋破風《いりもやはふ》をもつ、2階建ての建物でした。

現在の本丸には、天守以外の建物は現存しませんが、『御城内御絵図』や復元模型を見ると、広々とした本丸は、ほぼ建物で埋まっていたことがわかります。実際に敷地内を歩いてみると、御広間の礎石や雨落ち溝などの遺構から、おおよその建物の規模感を知ることができます。

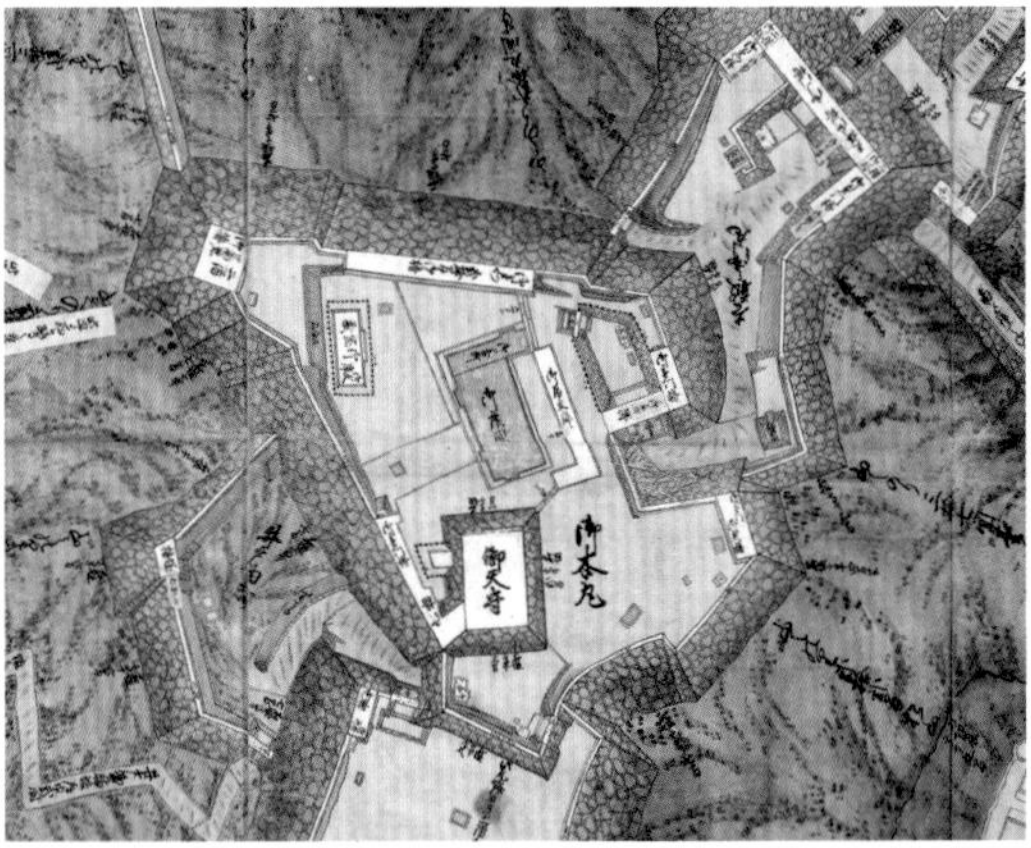

『御城内御絵図』（部分）　文化11年（1814）、普請奉行が作成した公的な図。彦根城の内堀より内側を描いている。（彦根城博物館蔵 画像提供：彦根城博物館/DNPartcom）

直継は慶長9年（１６０４）、佐和山城から築城中の彦根城へと入城し、当初は鐘の丸に建つ御広間を住居としていました。慶長11年（１６０６）頃、天守と前後して本丸の御広間が完成すると、鐘の丸から本丸へと転居します。

彦根城は江戸幕府の開府直後という、軍事的に緊張感の高い時期に開城したことで、要塞としての機能を意識して築城されました。しかし、幕府の体制が盤石なものとなると山頂の御広間への上り下りも煩わしくなり、彦根藩は山の麓に1万平方メートル以上の敷地をもつ表御殿の建設に着手します。表御殿が完成した

御広間の礎石　敷地内に残る御広間の遺構。藩主の生活や政務を行うために、コンパクトなつくりであったことが見て取れる。（彦根市文化財課提供）

元和8年（1622）頃以降は、藩政や住居としての機能もそちらへと移され、本丸の御広間は役目を終えていきました。表御殿の広大さを知った上で本丸の遺構を観察すると、南北に6間（約11メートル）、東西に15間（約27メートル）の広さの御広間が、藩の規模拡大に合わせて手狭になっていったことが如実に伝わってきます。

さまざまな技術に見る石工の歴史

本丸や鐘の丸、西の丸にめぐらされた高石垣は、大半が約400年以上前の築城当時の姿を今に残しています。これらの石垣は慶長年間（1596～1615）に築かれたものと見られ、集められた石を加工することなく、そのまま積み上げる野面積《のづらづ》みという工法が採用されています。

一見、崩れ落ちそうな見た目ですが、小さな石を詰め込むことで強度を担保し、不ぞろいであることから生じる隙間が排水においても効果を発揮します。『井伊年譜』によると、これらの高石垣は、越前国（現在の福井県）を拠点としていた石垣専門の石工集団・越前衆による施工であったと記されています。

彦根城の石垣には野面積み以外にもさまざまな技術が用いられています。天守の石垣は、当初、野面積みで築かれたものと考えられていましたが、その後の調査で牛蒡積《ごぼうづ》みが使われていたことがわかりました。

牛蒡積みは耐震性に優れた工法で、こちらは尾張国（現在の愛知県西部）を拠点にしていた石工集団・尾張衆による施工と記されています。彦根城内の石垣はさまざまな時代に施工されたことから、石工たちの技術の推移を見ることができます。

天守の石垣　牛蒡積みの特徴である歯型のような楔《くさび》の跡が確認できる。

城内 12

壮麗なたたずまいと機能性を備えた「天守」

5つしかない国宝天守の1つ

本丸に唯一残る天守は、天守台と呼ばれる石垣の上に建てられています。慶長9年（1604）に彦根城築城工事が始まり、3年後の慶長12年（1607）には天守台が完成しました。

天守は南北に6間（約11メートル）、東西に10間半（約19メートル）の敷地に建つ三重3階の建物で、高さは約21メートルに及びます。日本に現存する12天守のなかでは比較的コンパクトなつくりですが、切妻破風《きりづまはふ》、入母屋破風《いりもやはふ》、唐破風《からはふ》で形成された三重屋根の意匠は芸術性が高く、金の装飾や屋根に載せられた鯱《しゃちほこ》、高欄つきの「廻縁《まわりえん》」、2階と3階に多用されている「花頭《かとう》窓《まど》」などがさらに華やかさを演出しています。美しさだけでなく保存状態が優れていたことから、昭和27年（1952）、国宝に指定されました。

北側から見上げた天守　シャープなシルエットが際立つ。1階部分に設けられた突上戸は、本丸側から見ると1か所だけ位置をずらしているなど趣向が凝らされている。

幕府の威厳を示す複雑な外観

梁行《はりゆき》に対して桁行《けたゆき》が倍近くの長さであるため、ワイドな東西側とシャープな南北側と、見るときの方角によって大きく印象が変わるのも特徴です。3種の破風が混在し、複雑に入り組んだ外観は天守を威厳あるも

東側から見上げた天守　横幅が広くつくられた構造がよくわかり、南北側とは異なった印象を与える。

のとしてアピールすることを意識したと考えられています。

物見櫓を囲む廻縁を破風で遮っているところにも、こだわりが垣間見られます。この天守には彦根藩の歴代藩主が初入部の際、国入り儀礼として登り、ふだんはおもに甲冑などを収納するために使用されました。

建築様式は最上階に遠くを見渡すための物見櫓を擁した望楼型天守ですが、通し柱がなく、一重目の入母屋の屋根に二重目、三重目の屋根が載るという、それまでの望楼型にはない特徴が見られます。この築城技術ではそれぞれの階の柱の位置を自由に設定することができ、同じ形の構造物を積み上げていく層塔型天守を生み出すきっかけとなりました。

昭和32〜35年（1957〜60）に行われた大修理で、天守に使用されている部材は場所によって異なることが判明しました。慶長11年（1606）の造営で新調されたもの、ほかの城から転用されたもの、書院などの建物から転用されたものなどがあります。

大津城から移された四重5階の天守が前身

さらに部材に刻印された番付や符号を調査したところ、彦根城の前身となった天守は四重5階の構造であったことが明らかになりました。『井伊年譜』の記録によると、彦根城は徳川家康の命により移築されてきた大津城の天守を、浜野喜兵衛という大工が見栄えよく建て直したと書かれています。この前身となる天守が、大津城のものであった可能性が高いと考えられます。

大津城は関ケ原の戦いの際に落城せず、その姿を保っていたことから、家康が縁起をかついで移築させたともいわれています。明治の廃城令で全国の天守が取り壊される中、彦根城天守もその存続が危ぶまれました。当時、新政府の大蔵卿をつとめていた大隈重信《おおくましげのぶ》が視察に訪れた際に解体されることを知り、天皇に中止を進言したことで保存が決定したと伝えられています。

天守には「附櫓《つけやぐら》」と「多聞櫓《たもんやぐら》」が接続し、こちらも天守と同じく国宝に指定されています。耐震上の問題により令和２年（２０２０）からは公開が中止されていますが、来場者が内部を

見学者用の入場口とされていた多聞櫓は現在、封鎖中。奥に見えている一段高い建物が天守へとつながる附櫓。

壁に設置された狭間　鉄砲用が正方形と正三角形、矢に使うものが長方形と形が分けられている。

1階の武者だまり　地階から上った先にある1階の武者だまり。敵が攻め込んだ際に動きにくくするため、若干の傾斜がついている。

前身建物推定断面図

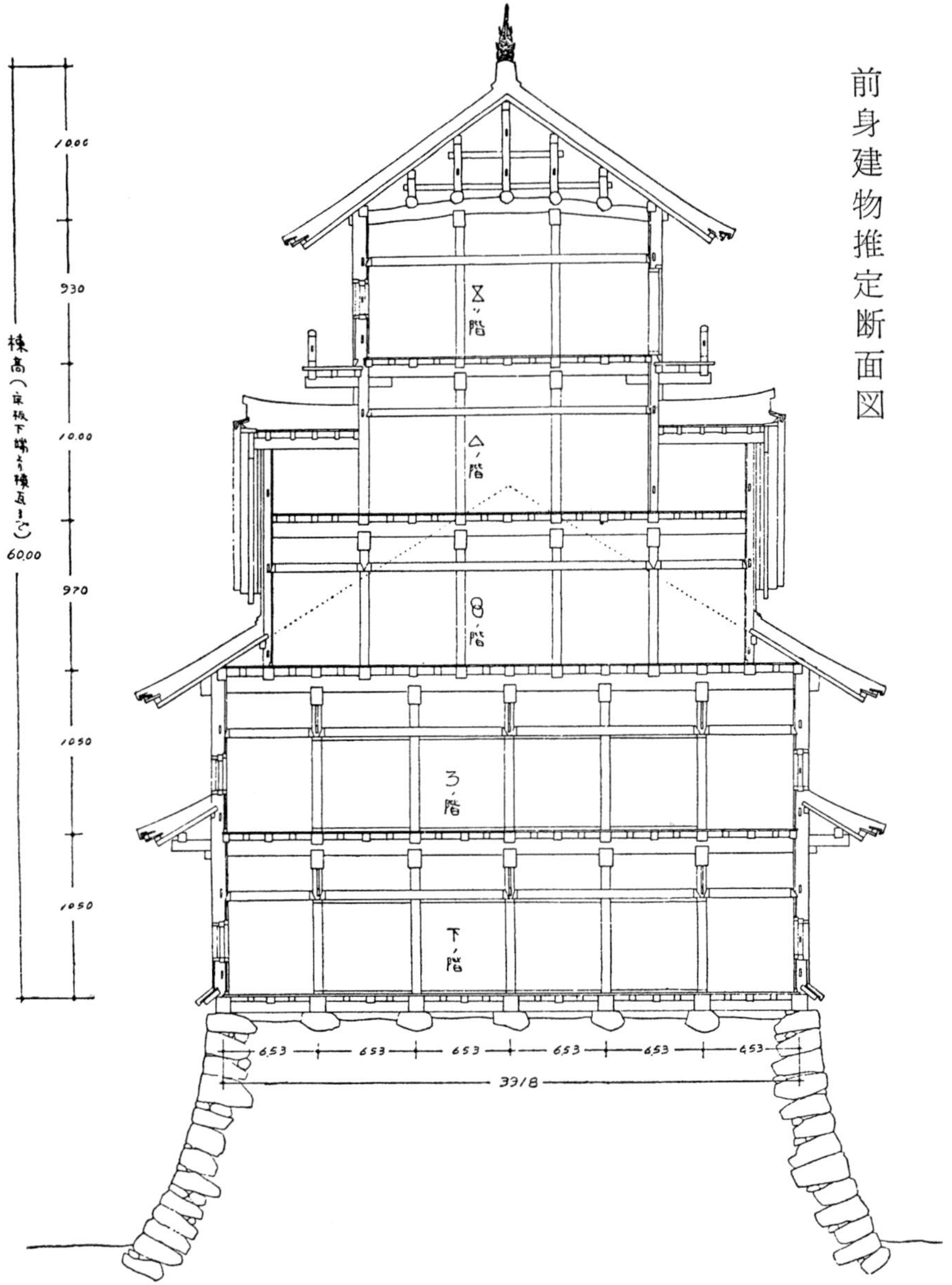

『前身建物推定断面図』 昭和35年（1960）の滋賀県調査によって、前身となった天守が四重５階の構造だと判明。（『国宝彦根城天守・附櫓及び多聞櫓修理工事報告書』（滋賀県教育委員会）」より転載）

見学する際は、通常、多聞櫓から附櫓を通って天守に入るというコースが設定されています。

多聞櫓の内部は長い渡り廊下のような構造になっており、城の外側にあたる壁が厚く塗り固められていることから、外敵からの防御に備えていたことがうかがえます。附櫓には、多聞櫓から数段の階段を上って入ることができます。内部には自然木をそのまま利用した梁のほか、展示コーナーで天守に使用されている花頭窓の枠や屋根瓦などを見ることができます。

機能性が充実した内部構造

天守への入場は、先述の通り令和2年（2020）から多聞櫓の入口が封鎖されているため、令和5年（2023）6月現在、巡回コースの出口となっている玄関棟が入場口も兼用しています。

玄関棟に入ると、重い鉄扉の向こうには石垣内部となる地階があり、1階へと続く階段が設置されています。角度が非常に急なため、登る際は手すりをしっかりつかんでおかないと転倒の危険があります。

階段は1階の踊り場を兼ねた武者だまりへとつながり、壁に設置された鉄砲狭間から攻撃態勢を取ることができるようになっています。ふだんこの鉄砲狭間の蓋は閉じられていますが、戦闘時には突き破って使用するようにつくられていました。外側は漆喰で塗り固められているため、その存在が気づかれないようになっています。これは敵を不意打ちするためだと考えられてきましたが、最近では、狭間の穴が見えることで、美しい天守の外観を損なわれることを好まなかったためではないかと考えられています。

井伊直弼の木像　1階の入側には13代井伊直弼の木像が展示されている。

武者だまりから一段高い位置には、入側《いりがわ》と呼ばれる広い縁をめぐらせた武者走りがあります。入側の周りには1間（約1・8メートル）ごとに柱が立っており、3間（約5・5メートル）四方の部屋（身舎《もや》）が2つ設けられています。この2部屋は、長押《なげし》と鴨居《かもい》、敷居が回った書院造《しょいんづくり》です。

2階は、1階と同じ3間四方の部屋と、一辺が2間（約3・6メートル）、もう一辺が3間の部屋の入側が取り囲む構造になっています。壁に設けられた多数の花頭窓から光が差し込み、昼間は照明がなくても十分なほどの明るさを保っています。

3階には、一辺が1間半（約2・7メートル）、もう一辺が2間、一辺が2間半（約4・5メートル）、もう一辺が2間の2室があり、この2部屋は間仕切りによって分けられています。下階と同じく周囲を入側が囲む構造で、こちらも花頭窓からたくさんの光が注ぎ込まれるつくりとなっています。

最上階では天井に板が貼られておらず、曲がりくねった梁や天井を支える骨組みをそのまま見られるのが特徴です。また、入側からは破風の内部に隠された小部屋を見ることができます。この部屋にも鉄砲狭間が設置されていますが、彦根城が戦闘に使用されなかったことから、実際は物置などに使用されていたようです。藩政期の天守は軍事用の建物というよりも、彦根藩の象徴という役割を担っていました。

天守最上階　四方の花頭窓から彦根一帯の景色を見渡すことができる。居住に対応できるよう建造されているが、実際には倉庫としての役割が主だった。

最上階の天井部分

城内 13

純白の櫓がそびえる西方の守りの要「西の丸」

「く」の字形の純白の櫓「西の丸三重櫓」

天守の左（南西）側の通路を北へ進むと、本丸に隣接する「西の丸」が広がります。本丸よりも一段低い高さで築かれた曲輪で、最も広い敷地面積を有しています。東側の一帯には桜が植えられており、春には満開の花が咲き誇る場所としても親しまれています。

西の丸の西側に「く」の字形で建てられているのが、国の重要文化財に指定されている西の丸三重櫓です。高さ10メートルを超える石垣の上に建てられ、西方からの敵に対する守りの要所とされました。出曲輪《でぐるわ》との間は大堀切となっており、つながる橋を落とせば要害となるようにつくられていました。

三重櫓は、鉄砲の弾薬や旗などを収蔵する倉庫として使用され、築城当初は井伊家の家老である木俣土佐《きまたとさ》が山崎曲輪の屋敷から月に20日ほど出勤していたとされています。

くの字の構造は、東側に3間（約5・5メートル）×13間（約23・6メートル）、西側に3間×7間（約12・7メートル）でつくられた多聞櫓が三重櫓でつながる形となっています。白漆喰塗りの外観は装飾などがないシンプルなものですが、白さが際立つ気品にあふれるたたずまいです。

西の丸三重櫓　シンプルながら凛としたたたずまいが存在感を放つ。

現在は北東側の多聞櫓から中に入り見学ができるようになっており、内部では太く力強い柱や梁のほか、防火や防弾を目的としてつくられた厚い土壁が見られ

三重櫓の内部　重厚な柱や梁が印象的。1階部分は木材の色合いから、嘉永6年（1853）の補修時に大幅につくり変えられたものとみられる。

ます。また、城の外側にだけ設けられ、鉄砲が打ちやすいよう角度のついた格子も見られるので、守りに特化していた機能性がうかがえます。

三重櫓はかつて、浅井長政の居城である小谷《おだに》城《じょう》の天守を移築したものといわれていましたが、昭和30年代に実施された解体修理では、そのような痕跡を見つけることができず、あくまで通説であったと考えられています。

また、その際に柱や梁などの大部分が嘉永6年（1853）に行われた大規模な補修工事で、築城当時のものから取り替えられたことが判明しました。現在見られる三重櫓は、江戸時代後期に築かれたものとみられ、木材の色合いの違いなどからも時代の違いを確認できます。

西の丸に点在した文庫蔵の跡

文化11年（1814）に描かれた『御城内御絵図』を見ると、西の丸の敷地内には「御文庫《おんぶんこ》」と名づけられた土蔵形式の建物が複数あったことがわかります。建物は大小全部で9つあったとされます。

西の丸の北側に建っていたものについては現在も礎石を見ることができますが、南側に建っていたものについては、ほぼその痕跡が残っていません。

御文庫の礎石　西の丸の敷地には文庫蔵の名残とみられる礎石がわずかに残る。

城内 14

東の守りを固めた「黒御門」と「井戸曲輪」

籠城戦ライフラインの要

来た道を戻り、西の丸と本丸の間の道を左（北東）へと進みます。石段を下っていくと、「黒門山道」へとつながります。そしてその、登城道から一段低い位置に、弧を描いた小さな平地があります。この平地は「井戸曲輪《いどくるわ》」の跡です。

井戸曲輪は長い間、生い茂る木々に隠れていましたが、平成20年（２００８）頃に行われた彦根市による伐採などの整備作業で、再びその姿が見られるようになりました。井戸曲輪は黒御門から侵入する敵に備える守りの要衝となっていました。真上には天守の附櫓が控えており、敵が井戸曲輪に侵入した際は、頭上から攻撃できる態勢が敷かれていました。

階段上から見下ろす井戸曲輪　貯水用の井戸と塩櫓の遺構が並ぶ。手前の隆起した部分などから平坦な地形でなかったことがわかる。

井戸曲輪周辺には高石垣

井戸曲輪の東隅には、四角と丸の２つの井戸があります。上から流れてきた雨水は、まず石組みの水路をつたって溜桝《ためます》である四角い井戸に入って浄水され、その後、ろ過されて丸い井戸に貯水していました。

北東側には、周囲に瓦塀をめぐらせた２間（約３・６メートル）×３間（約５・５メートル）の塩櫓《しおやぐら》が建てられ、今も井戸とともに遺構が残っています。この井戸曲輪は、水と塩をため込んでおくことで、籠城戦になった場合のライフラインを確保するという重要な役割を担っていました。

井戸曲輪の上下には高さ10メートルを超える石垣がめぐらされており、下に築かれたものは19・4メートルで、彦根城の中で最も高い石垣とされています。隅角を直角ではなく鈍角でつくる「しのぎ積み」という技法が使われており、その意匠は威風堂々としながら、どこか温かみを感じさせます。

この石垣も、先述の伐採作業によってその規模感が明らかになりました。当時は石垣の外側が弧を描くように歪んだ状態になっており、平成21年（2009）に補修工事が実施されました。

黒御門跡に架かる黒門橋
この橋には内堀と松原内湖の境界線とする役目があった。ここから先にある黒門山道は冬季期間中に積雪などで封鎖されることがある。

黒御門跡近くにある高石垣

西の丸側からの入口となる搦手

井戸曲輪をあとにして黒門山道を下ると、その先には「黒御門」があります。彦根城第1郭には、大手御門・表御門・裏御門・黒御門・山崎御門という5つの門が設けられましたが、現在も通行が可能なのは、大手御門・表御門・黒御門の3か所だけです。

黒御門は内曲輪の搦手《からめて》（裏門）にあたります。しかし、玄宮園《げんきゅうえん》・楽々園《らくらくえん》から彦根城見学を始めた場合、楽々園からすぐ城内に入ることができるため、比較的多くの来場者が利用しています。

堀との間に架かる橋は現在、土橋となっていますが江戸時代には木造の橋が架けられ、門の左右にうずたかく積まれた石垣の上には、二重櫓が建てられていました。この黒御門を起点として表御門・大手御門・山崎御門をつなぐように鉢巻石垣と腰巻石垣(42ページ)がめぐらされています。

城内 15

彦根城の北側を守る「山崎曲輪」「出曲輪」

家老・木俣土佐の屋敷から竹蔵へ

黒御門口を出ず、北に延びる道を進むと、彦根城第1郭最北端に位置する山崎曲輪《やまざきくるわ》にたどり着きます。大坂の陣以前、ここには井伊家の家老として藩政を支えた木俣土佐《きまたとさ》（守勝《もりかつ》）の屋敷が建っていました。土佐がここから西の丸の三重櫓に通勤していたことから「土佐曲輪」とも呼ばれています。

兄の直継に代わり大坂の陣に出陣した直孝の凱旋時に、城内には直継の生母が暮らしていたため、この木俣家屋敷に直孝が迎え入れられています。また、天和元年（1681）から元禄3年（1690）まで、幕府の命令により駿河の田中藩主・酒井忠能が一時的に幽閉されていました。その後は、竹を収めるための「御

山崎曲輪の高石垣　琵琶湖の水位は、江戸時代、現在よりも1メートル以上高かったことから、山崎曲輪も高い石垣の上に築かれた。

山崎御門跡　二の丸へと続く橋が架かっていた。櫓は残っていないが門は往時の姿をとどめている。

竹蔵」「御竹方役所」という建物が建てられました。

今はなき、曲輪北西の三重櫓

三方を堀に囲まれた山崎曲輪は松原内湖ともつながっており、水の手からの攻撃を防ぐための高石垣が周囲を取り囲んでいました。北側の守りの要衝であったことから北西に3階建て、東に2階建ての櫓が建てられていました。

とくに北西の櫓は、天守、西の丸と並ぶ三重櫓として勇壮な姿を見せていました。しかし、明治元年（1868）に取り壊されて、現在では櫓に登る雁木《がんぎ》（石段）や石垣に往時の名残が見て取れます。

曲輪の南西側には山崎御門跡が残されており、かつてここに架かっていた木造の橋から西の丸へと移動することができました。西側の石垣の上には櫓が載っていましたが、それも現在は残っていません。

本丸から距離があり、曲輪内に建物が現存しない山崎曲輪は、彦根城の中でも訪れる人がやや少ない場所ですが、現地の遺構からは主要な守りを果たしていたことが感じられます。また、敷地内には数多くの桜が植えられ、花見の穴場としても知られています。

山崎曲輪　建物は現存しないが石垣や階段から櫓のあった形跡がうかがえる。敷地内には不規則な大きさの石が点在しているが、これが竹蔵や木俣土佐の屋敷のものであったのかの判別は困難。

城の外郭に張り出した「馬出」

来た道を黒御門口のほうへ戻ります。しばらく歩くと、右手（南西）側に天守へとつながる階段が現れます。その階段を上った先に「出曲輪《でぐるわ》」があります。この曲輪は、一般的に城の外郭に張り出し、城を守るために築かれた建造物とされています。彦根城の出

西の丸三重櫓から見る出曲輪　右手に水たまりの遺構が確認できる。

曲輪は、西の丸の北側にある大堀切を挟んだ先に位置し、西の丸の入口を守る「馬出《うまだし》」と呼ばれる機能をもっています。

現在、建物は残っていませんが、江戸時代には出曲輪の北側に「扇子御櫓《せんすおんやぐら》」、出入口の上には「御門櫓《ごもんやぐら》」が建っていました。扇子御櫓の名は、台形の敷地に合わせてつくられた形状に由来すると考えられています。これ以外には、露出した水たまりの遺構も見ることができます。

西の丸と出曲輪の間に架けられていた木造の橋は、明治時代に撤去されましたが、現在はコンクリートの基礎の上に復元され、当時の様子を今に伝えています。有事の際は破壊して敵の侵入を防ぐ落とし橋として使用することが想定されていました。『井伊年譜』によると、出曲輪の石垣は大津の坂本を拠点としていた石工集団・穴太衆《あのうしゅう》によって築かれたと記されています。

歴史深い「観音台」

出曲輪の北側には、藤原氏とゆかりのある「観音台《かんのんだい》」があります。この地にはもともと産土神《うぶすながみ》がまつら

西の丸側にある出曲輪の入口

『御城内御絵図』（部分）　観音台周辺を抜粋。箭竹の栽培場所が示されている。（彦根城博物館蔵 画像提供:彦根城博物館/DNPartcom）

れ、のちに不比等の子である房前《ふささき》が所持していた1寸8分（約5・5センチ）の聖観音とする彦根寺が建立されました。

金の亀に乗った観音を安置する御堂が彦根寺にあったことから、観音台の名がついたといわれています。その観音には目に御利益があるとされ、それを聞きつけた白河上皇が、京都から参詣に訪れたとも伝えられています。

藩政時代には人質を収容する櫓が建てられていたことから、「人質曲輪」とも呼ばれていました。また、『御城内御絵図』によると、矢の柄に使用するための箭竹《やだけ》を栽培していたことがうかがえます。現在はうっそうと木々が生い茂った平地となっています。

城内16

藩主が余生を過ごした下屋敷「楽々園」

11代井伊直中の手で最大化

出曲輪から再び階段を下り、黒御門跡へと向かいます。黒門橋を渡った東側から「楽々園《らくらくえん》」へと入ることができます。

楽々園は彦根藩の「二の丸御殿」として、井伊直興によってつくられました。延宝5年（1677）、玄宮園と同時期に造園を開始し、2年後に完成しました。

ケヤキでできた黒御門の前に建つことから「槻《けやき》御殿」、もしくは黒御門に近いことから「黒御門外御屋敷」「黒御門前御屋敷」とも呼ばれていました。本邸ではない下屋敷として、おもに隠居した彦根藩主や、その家族が暮らす屋敷の役割を担っていました。

楽々園という名は、12代直亮が、増設した「楽々の間」にちなんでつけたといわれています。江戸時代後期に幕府の大老として活躍した13代の井伊直弼は、文化12年（1815）にここで誕生しました。

玄宮園と同じく、楽々園も長い年月の中でその姿をたびたび変化させています。今でこそ建物は「御書院」「地震の間」「楽々の間」など一部を残すのみですが、江戸時代に描かれた『槻御殿御庭絵図』によると、11代直中による増改築で最大規模の庭園となりました。現在の約10倍もの建物があったことが確認できます。

平成17年（2005）からは老朽化した建物の保存整備事業が開始され、令和7年（2025）の完成を目指して工事が進められています。御書院の北側にあった茶室や長屋門、塀重門《へいじゅうもん》なども復元される予定となっています。

御書院　老朽化が進んでいたが平成24年（2012）に補修工事が完了し、往時の姿を取り戻した。現在の楽々園を象徴する建物となっている。

力強さと品性を備えた武家屋敷

隠居の邸宅という位置づけであった楽々園ですが、豪華絢爛な意匠は現代においても圧倒的な存在感を放っています。唐破風が美しい玄関棟の横から敷地内に入ると、まず目に入るのが枯山水《かれさんすい》の庭園です。直中が大規模な増改築を行った際に設けたもので、荒々しい岩肌が武家屋敷らしい迫力を醸し出しています。この庭石は米原市にある青岸寺の庭園から運ばれたもので、井伊家の家臣であった香取氏が作庭したといわれています。

楽々園の象徴ともいえる御書院は、桁行8間（約14・5メートル）、梁行6間（約11メートル）の建物内に「御上段」「上之御間」「御次之間」「御小座敷」の4室を備え、北と東にそれぞれ入側が配置されています。入母屋造のこけら葺きという伝統的な手法による外観は、たくましさや力強さと同時に、落ち着いた趣を感じさせます。

御書院の右側奥に位置する地震の間は、数寄屋建築の平屋で、楽々の間と同じく直亮によって増築されました。地震の間とは、大地震が発生した際に当主が避難するためにつくられた部屋で、江戸城にも同様の部屋があったとされていますが、現在では、彦根城にしか残っていません。

耐震用に積まれた石組みの上に建っており、ほかの建物よりも一段高い外観は、前庭の枯山水と相まって独特の風合いを醸し出しています。雷の間や奥に続く楽々の間は非公開ですが、地震の間の脇から一部を見ることができます。

楽々園の庭園　現在では枯山水となっているが、かつては池泉鑑賞式の庭園だった。豪快に岩を使用する意匠は、織豊時代に盛んであった作庭技術が取り入れられている。

地震の間　防災を考慮して建てられているが、もともと茶の湯の席に用いられる座敷であった。隣接する雷の間や奥に広がる楽々の間につながっている。

城内 17

花鳥風月を繊細に表現、趣を漂わせる「玄宮園」

中国と近江の絶景を凝縮した庭園

楽々園を出て南東へと進むと、左手（北東）に料金所が見えてきます。ここから「玄宮園《げんきゅうえん》」へと入ることができます。この庭園は、広大な敷地をもつ旧大名庭園で、国の名勝にも指定されています。延宝5年（1677）、4代井伊直興によって本格的に造園が開始されました。玄宮園という名は、文化9年（1812）に11代井伊直中の隠居に伴って行われた、大規模な再整備の際につけられました。

ここは、「魚躍沼《ぎょやくしょう》」と呼ばれる池の周囲をめぐり歩く回遊式の庭園となっており、園内には池に浮かぶ4つの中島や入り江をつなぐ9つの橋、高台に建つ茶室「鳳翔台《ほうしょうだい》」など、来園者を楽しませるさまざまな工夫が盛り込まれています。文化9年（1812）に作成された『玄宮園図』では、「臨池閣《りんちかく》」「龍臥橋《りゅうがきょう》」「鶴鳴渚《かくめいしょ》」「春風埒《しゅんぷうれつ》」「鑑月峯《かんげつほう》」「薩埵林《さったりん》」「飛梁渓《ひりょうけい》」「涵虚《かんきょ》

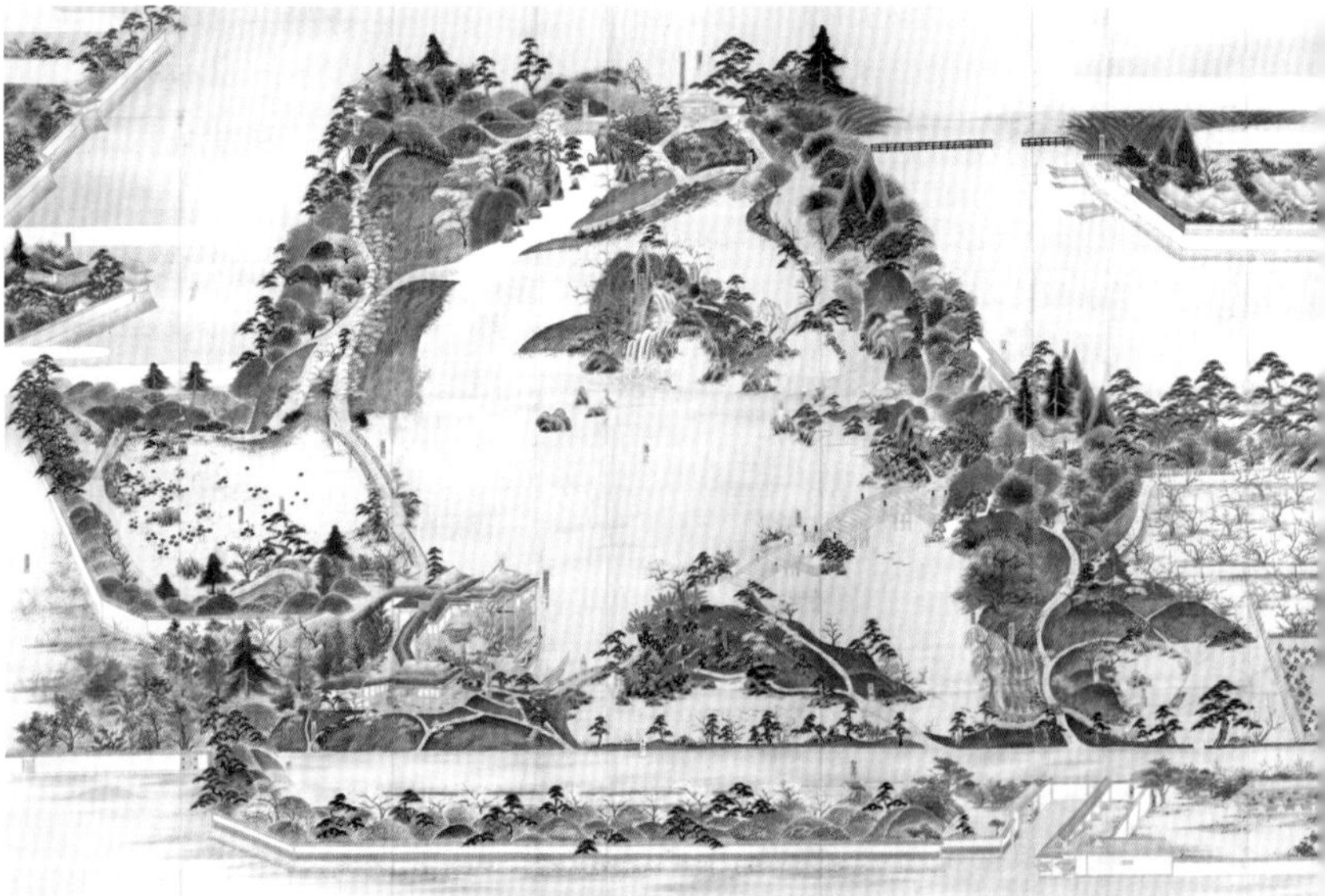

『玄宮園図』　玄宮園の全容を描いた図。広大な池水を中心に「玄宮園十勝」と呼ばれる十景が示されている。（彦根城博物館蔵 画像提供：彦根城博物館/DNPartcom）

亭《てい》」といった観賞ポイントが「玄宮園十勝」の名で記されているほか、民の安寧を祈る「此所田地（水田）」も記されており、発掘調査で復元されました。

作庭には中国を代表する8つの名所・瀟湘八景《しょうしょうはっけい》と、近江八景の要素を取り込んでいると考えられています。近年は経年による劣化が目立つようになり、平成21年（2009）からは、『玄宮園図』に基づいて補修工事が進められています。

回遊式の魅力を堪能できる園内

園内は明確な順路は示されておらず、東と西に設けられた2つの入口から好きなルートで歩くことができます。35ページの地図では西口からのルートを示しましたが、もし東口から入園した場合は、最初の分かれ道を左側へ進みます。ゆるやかな坂から鳳翔台まで登ると、茶室の窓から園内を広く見渡すことができます。小さな橋から浮島に渡ると、ゆるやかなカーブを描く龍臥橋が現れます。石垣が組まれた小島を挟み、大小2つの橋を渡って薩埵林に現れるのは、かつて弁財天と子安観音をまつっていた社の跡です。

池の外周を進んだ先に見える浮島・鶴鳴渚は、魚躍沼の中心的な中島です。鶴鳴渚につながる土橋は通行禁止となっているため渡ることはできません。鶴鳴渚からさらに先へ進むと、船の保管場所として使われていた船小屋の跡地へとたどり着きます。そして、石段や水中の柱根などに往時の面影を見ることができます。

船小屋跡の先には、礎石があります。『玄宮園図』では二重櫓の重厚な建物が描かれ、藩政において一定の役割を担っていたことがうかがえます。櫓跡の麓に広がる武蔵野からは、池を挟んで数寄屋造《すきやづくり》の臨池閣を見ることができます。魚躍沼にせり出したつくりが特徴的なこちらは、非公開のため内部を見ることはできませんが、鳳翔台の茶室からは俯瞰でその規模の大きさを確認することができます。

船小屋の跡地　石段をつたって乗り降りをしていたことがうかがえる。藩主など地位の高い人物は別の場所から乗船していたと考えられる。

かわいいだけではない歴史に根ざした「ひこにゃん」

ゆるキャラの原点ともいわれ、日本中から人気を集めるひこにゃん。平成19年(2007)に、彦根城の築城400年を記念して誕生したキャラクターだ。その姿には、井伊家の歴史との深いつながりが秘められている。

ひこにゃん(彦根市提供)

2代井伊直孝を救った招き猫がモデル

なぜ城のマスコットが猫なのかと感じる人もいるかもしれませんが、井伊家と猫には、1つの伝承があります。東京の世田谷にある井伊家の菩提寺、豪徳寺《ごうとくじ》が伝えるところでは、2代井伊直孝が鷹狩りのために豪徳寺を通りかかった際、門前にいた猫が招いたことで、直孝は急な落雷の難を逃れたといいます。これがきっかけとなって直孝と豪徳寺の和尚は親交を深めることとなりました。猫が招いた幸運に直

豪徳寺の井伊直孝墓所

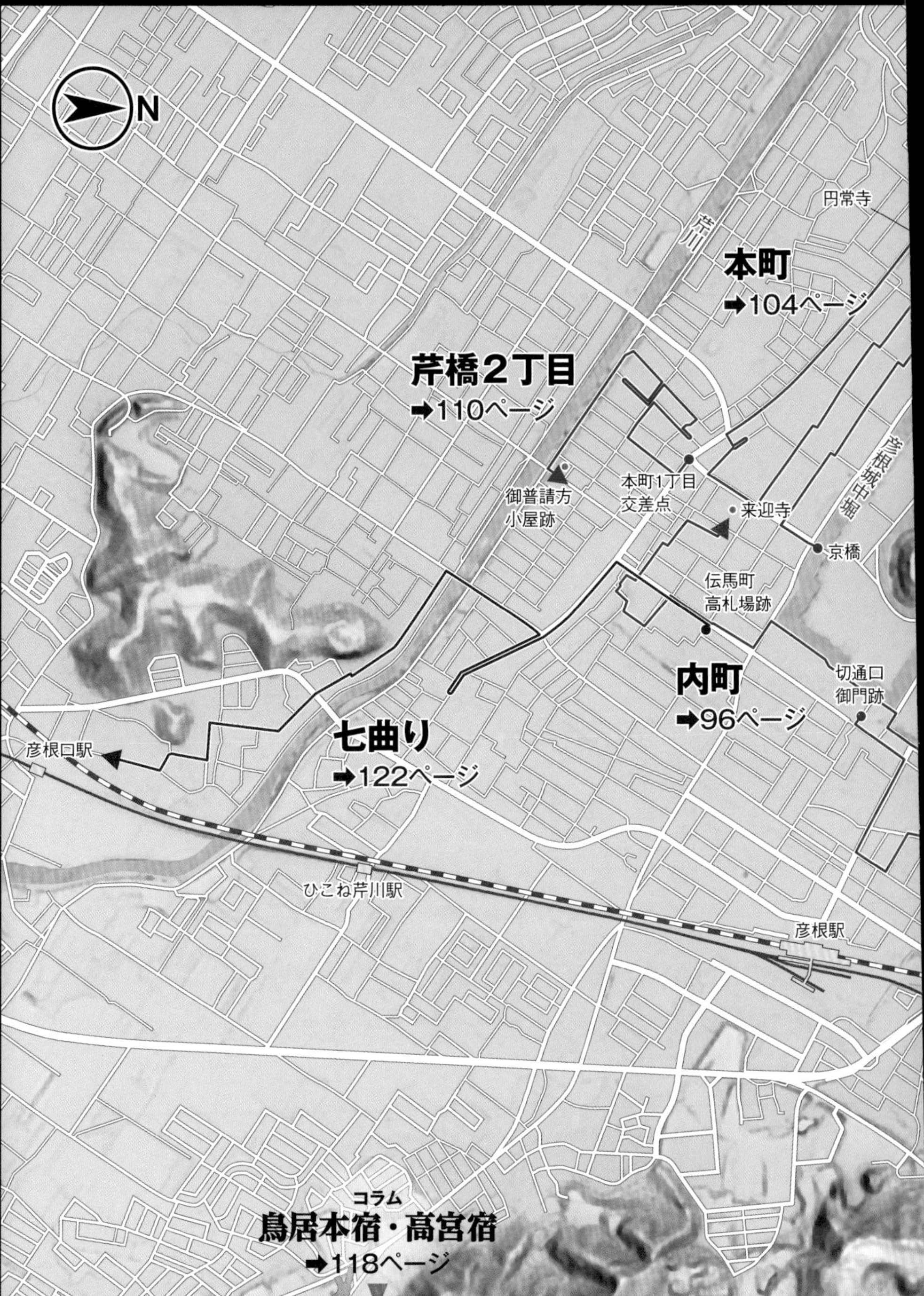
N
円常寺
芹川
本町
➡104ページ
芹橋2丁目
➡110ページ
御普請方
小屋跡
本町1丁目
交差点
来迎寺
彦根城中堀
京橋
伝馬町
高札場跡
内町
➡96ページ
切通口
御門跡
七曲り
➡122ページ
彦根口駅
ひこね芹川駅
彦根駅
コラム
鳥居本宿・高宮宿
➡118ページ

城下 1

武家屋敷と寺院が並ぶ「内町」の外堀沿い

中級武士と有力町人の住む「内町」

彦根の城下町は、慶長9年（1604）、井伊家が彦根山に居城を置いたことから始まります。芹《せり》川《かわ》を琵琶湖に直行するように付け替え、尾末《おすえ》山を切り崩して、山麓の湿潤な低地を埋め立て、そこに城下町を形成しました。

現在の彦根城では、主郭部を取り囲むように内堀と中堀がめぐっていますが、戦前まではさらに外側に外堀がありました。彦根の場合、一般的に中堀と外堀の間、第3郭からが城下町と呼ばれます。

第3郭は「内町《うちまち》」とも呼ばれ、中級武士や藩の御用をつとめた比較的豊かな町人が住居を構えていました。ここでは佐和口《さわぐち》正面の「尾末《おすえ》町」を起点として、内町のなかでも東側、比較的武家屋敷が残っている辺りを歩いていきます。

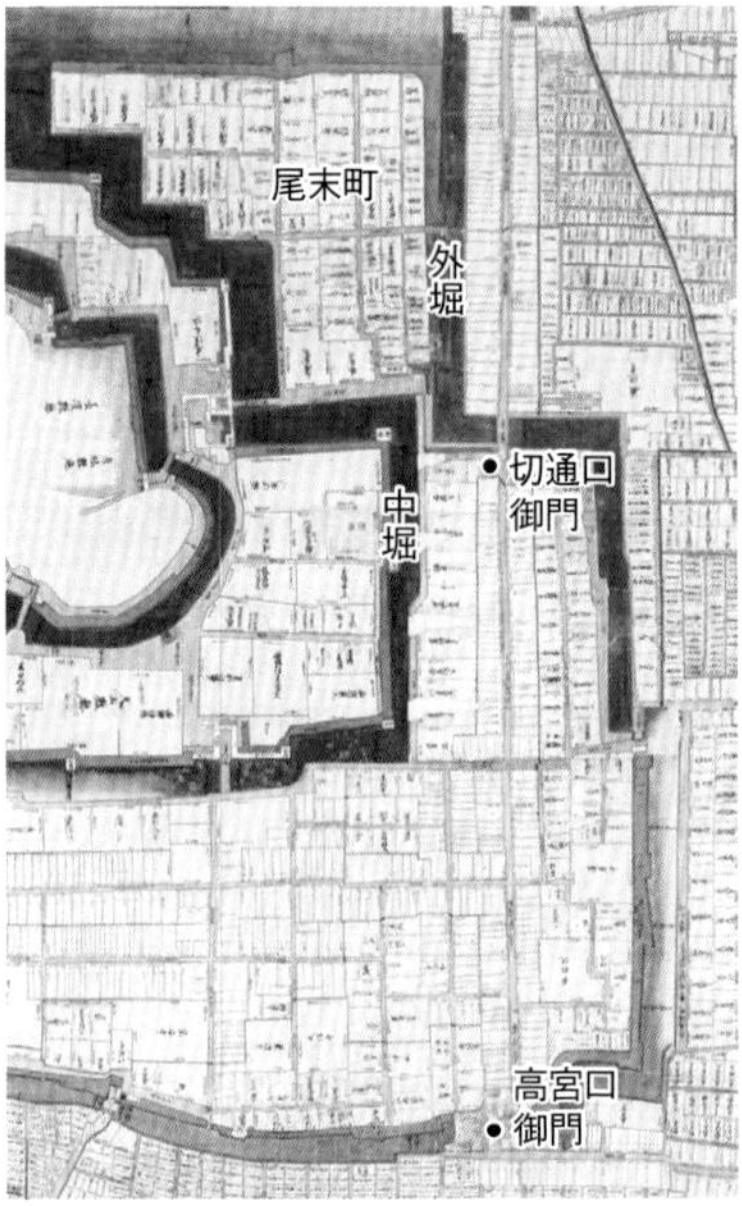

『彦根御城下惣絵図』（部分）　内町の東側を抜粋。従来あった図を天保7年（1836）に改変し、明治初期まで加筆修正が加えられた。（彦根城博物館蔵 画像提供：彦根城博物館/DNPartcom）

第2郭に住めなかった井伊直弼

佐和口多聞櫓《たもんやぐら》から中堀を渡ると、左手（北）に「井伊大老歌碑」があります。井伊家は多くの大老を輩出してきた有力大名ですが、ここでいう井伊大老とは13代井伊直弼《なおすけ》のことです。

直弼は安政5年（1858）に日米修好通商条約に調印した大老として知られます。調印に際して天皇の勅許《ちょっきょ》を受けていなかったことから、水戸藩を中心とした反幕府運動が起こり、弾圧政策（安政《あんせい》の大獄《たいごく》）で対抗しました。その反発から、安政七年／万延元年（1860）3月に、水戸藩士などによって暗殺されています（桜田門外《さくらだもんがい》の変）。

この歌碑の存在からもわかるように、尾末町は直弼と縁の深い場所です。歌碑から堀沿いを北に進むと、右手（東）に板張りの門が見えてきます。直弼が17歳から32歳までの15年間を過ごした藩の公館「埋木舎《うもれぎのや》」の表門です。

第3郭は中級武士や有力町人の暮らす区画です。一般論として、のちに藩主となる人物が屋敷を構えるような場所とはいえません。じつは直弼は、11代直中《なおなか》の

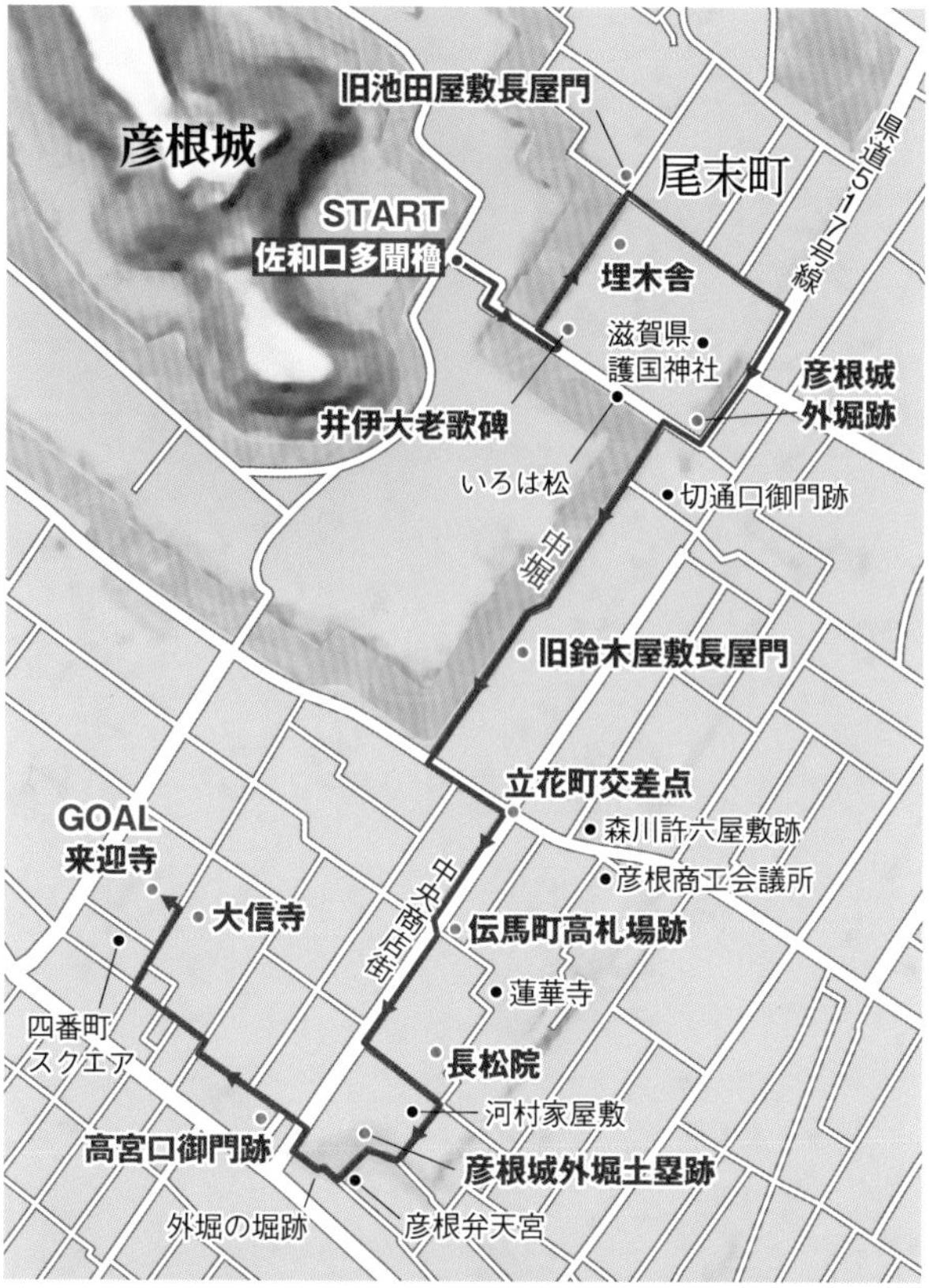

井伊大老歌碑　「あふみの海　磯うつ波のいく度か　御世にこころを　くだきぬるかな」というのは、琵琶湖の波が打ち寄せるように、幾度も世のために心を砕いてきた。そのことに悔いはないという意味。外国との関係が緊張していた安政７年／万延元年（1860）に歌われたもの。

隠居後の子（14男）であり、母は側室で、通常であれば藩主になるような立場ではありませんでした。父がこの世を去ると、それまで暮らしていた第2郭の黒御門前御屋敷（槻御殿《けやきごてん》）を離れ、尾末町屋敷（のちに埋木舎と名づける）に移ります。

ほかの大名に養子入りする話もありましたが、実現はしませんでした。しかし、逆境にあっても直弼は自分を磨くことを続けます。国学者の長野主膳《ながのしゅぜん》などに師事し、学問や茶道、槍術、居合道などを身につけ、その後の活躍の基礎を築きました。

埋木舎　埋木舎という名前は、自身を花を咲かせることもない埋もれ木のような存在とした直弼の歌にちなんだもの。●JR東海道本線・琵琶湖線「彦根」駅より／彦根市尾末町1-11

今も残る中級武家屋敷「池田家」

埋木舎は、規模でいえば中級武士と同等程度です。

尾末町は内町のなかでも武家屋敷が多く集まっていた一帯です。とくに1000石未満の中級の武家屋敷が多数並んでいました。現存するものは多くはありませんが、埋木舎の北に旧池田屋敷の長屋門が残ります。入母屋造《いりもやづくり》の長屋門で、外壁は下が板張り、上が漆喰塗となっています。彦根藩中級武家屋敷の長屋門の典型例として、市文化財に指定され改修保存されています。

なお、池田家は大坂冬の陣（1614）以前に井伊直政に取り立てられた武家で、もとは「伊賀之者」、つまり忍者でした。尾末町に土地を与えられた際の禄高は200石前後と推定されます。

旧池田屋敷長屋門から南東方向に歩くと、県道517号線に出ます。右（南西）に折れれば護国神社前の交差点です。そのまま進むと、彦根観光センター前の丁字路で窪地を見つけることができます。これは、第二次世界大戦後に大部分が埋められてしまった外堀の一部です。

丁字路を北西に折れると、正面にいろは松と中堀が見えます。尾末町が中堀と外堀にぐるりと囲まれていたことがわかります。中堀沿いに南西に向かって道が延びていて、江戸時代にはここを抜けなければ、尾末町や佐和口には進めませんでした。

中堀に沿って南西へ進むと、通りの左手（東）に「旧鈴木屋敷長屋門」（市指定文化財）があります。こちらも先ほどの「旧池田屋敷長屋門」と同様に、中級武

旧池田屋敷長屋門　平成20年（2008）から３年間かけて屋敷の解体修理が行われ、馬屋の跡が発見された。

旧鈴木屋敷長屋門　棟束に文久２年との墨書きが見られることから幕末に建てられたものであることがわかっている。

外堀跡　外堀は戦後、マラリア対策のために埋め立てられ、今では一部が残るのみ。

家屋敷の長屋門の典型とされます。池田家と同じく下が板張り、上が漆喰塗ですが、屋根は切妻《きりづま》になっています。

旧芹川河川敷に位置する「長松院」

旧鈴木屋敷長屋門から中堀沿いに南西へ進み、丁字路で左折（南東）すると、「立花町交差点」です。南東に「彦根商工会議所」の建物が見えますが、その東側には、かつて外堀が掘られていました。

伝馬町高札場跡の石碑　高札場の詳細や模式図などは、通り沿いにある滋賀中央信用金庫前に案内板がある。

立花町交差点から南西には中央商店街が延びています。昔ながらの商店街で、かつての彦根の目抜き通りといえます。この通りは、中山道と彦根を結ぶ彦根道の一部であり、江戸時代から町人地として栄えました。

中央商店街を南西に進むと、中ほどの民家の片隅に「伝馬町高札場跡《てんまちょうこうさつば》」を示す石碑があります。江戸時代、この場所には物流拠点として問屋場があり、幕府からのお触れが記された高札が掲げられていました。

石碑から南東に目を向けると、立派な山門が見えます。これは「蓮華寺《れんげじ》」の山門で、蓮華寺は初代直政が彦根に転封になった際に建立された寺院です。江戸時代には朝鮮通信使の宿所としても利用されました。

中央商店街をさらに南西に進み、次の角を左（南東）に入ると、「長松院《ちょうしょういん》」が見えてきます。伽藍《がらん》を通りすぎ、墓地に足を踏み入れると、大きな供養塔が目を引きます。このような立派な供養塔が立つのは、この場所で初代直政が荼毘《だび》に付されたとされているからです。記録では直政は築城前の芹川の河原で荼毘に付されたとされます。慶長9年（１６０４）に付け替えが行われる以前、この付近を芹川が流れていたということになります。

長松院　山門（左）と碑（右）。自転車の起源ともいえる発明をした彦根藩士・平石久平次時光の墓があることでも知られる。●湖国バス「銀座街」バス停より／彦根市中央町4-29

長松院南に現存する「外堀土塁」

長松院の山門から、中央商店街には戻らず南東へ進みます。武家屋敷を通り過ぎた辺りで、右折（南西）します。ちなみに、この武家屋敷は彦根藩主からも重用された蘭方医家の河村家のものです。

民家と駐車場の並ぶ住宅地に見えますが、よく見ると、右手に小高い丘（次ページ写真）があることがわかります。これは外堀の土塁の一部です。

この土塁に近寄っていくと、道は下り坂になっています。彦根弁天宮の社の建つ辺りで右に折れると中央商店街に戻りますが、今度は上り坂になっていて、この一帯だけが凹んでいることがわかります。この場所は埋められた外堀の一部で、堀の高低差が残っているのです。堀の底を歩いてきたということになります。

中央商店街に戻り、通りを西に渡ると銀行があります。その脇に「高宮口《たかみやぐち》御門《ごもん》跡」を示す石碑が立っています。

江戸時代、彦根城の外堀には7つの出入口が設けられていて、高宮口もその1つでした。中山道の高宮宿

外堀土塁跡

外堀跡　中央町7辺り。

高宮口御門跡の石碑

方面から城下に入る彦根道や朝鮮人街道に通じる重要な出入口です。

現在、中央商店街はまっすぐ南西に延びていますが、古地図を見るとこの場所で大きく道が曲がっています。

石碑の残るこちらが、本来の道です。食い違いの出入口になっていたわけです。高宮口の南には外堀が通り、土橋が架けられていました。

町人地を囲む武家地と寺町

高宮口御門の跡をそのまま北西方向にまっすぐ歩い

大信寺　初代井伊直政が建立した大信寺。平安時代の阿弥陀如来を本尊としてまつる。2代直孝の歯が葬られた廟が境内にある。●湖国バス「四番町スクエア」バス停より／彦根市本町1-8-37

ていくと、途中に曲がり角があり「四番町スクエア」という商業施設にたどり着きます。大正ロマンをテーマとし、土産物屋や飲食店が軒を連ねています。藩政期、この場所には武家屋敷が立ち並んでいました。

その北側には複数の寺院が並び、寺町を形成しています。四番町スクエアの東側出口から北東に向かうと、右手（東）に見えるのが「大信寺《だいしんじ》」です。慶長8年（1603）に井伊直政が開いた寺で、歴代藩主が厚く帰依したことで知られます。寛永年間（1624〜44）には5代直通が本堂を再建しています。

大信寺の向かいに建つのが「来迎寺《らいごうじ》」です。もとは佐和山の東麓にあったのですが、彦根城築城の際に現在の地に移されました。ほかにも複数の歴史ある寺院が現存しますが、残念ながらこの周辺の寺院は一般非公開となっています。

ここまで内町の東側を歩いてきましたが、中堀と外堀に面した部分に武家屋敷や寺院が配置されていたことがよくわかります。そしてその内側に町人地が配置されていました。このように、武士と町人を近くに住まわせたところが、彦根の城下町の大きな特徴です。

城下 2

有力な町人が集まった商業地「本町」周辺

京橋口正面の「夢京橋キャッスルロード」

前項では中堀・外堀沿いに内町の東側を歩きました。ここからは「本町《ほんまち》」を中心に、内町の西側を歩いていきます。

彦根城の京橋口を出て中堀を渡ると、正面には「夢京橋キャッスルロード」が延びています。広々とした道の両脇に、飲食店や土産物屋など、観光客向けの店が並んでいます。

京橋口は彦根城の大手側の出入口です。京橋口から南側の辺りを本町といいますが、「慶長九年、武家の地割相済て、町家へ割渡せる時、本町より割始め、最初拝領致せしは青根孫左衛門、北川角左衛門、田中九郎兵衛と云」（彦根町家御地割之事）とあるように、最初期に町割りの基点となった区域です。

ちなみに、よく見ると京橋交差点の中央付近に、色の違う部分があることがわかります。京橋口正面の道は長らく江戸時代のままの幅員でしたが、平成に入って歩行者の安全確保および町おこしの目的で、現在のように拡幅されました。そのため、もとの道幅を記録する目的でこのようになっています。江戸時代からの道が、今の半分ほどの幅員だったことが体感できます。

また、京橋から交差点を渡ってすぐの、現在土産物屋があるところには、江戸時代に「御馳走屋《ごちそうや》」という

『彦根御城下惣絵図』（部分） 内町の西側を抜粋。（彦根城博物館蔵 画像提供：彦根城博物館/DNPartcom）

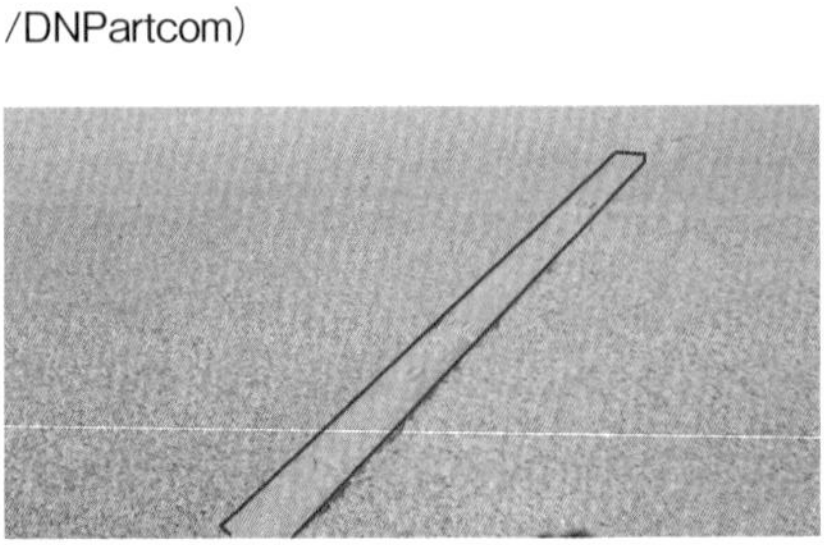

京橋交差点に刻まれている旧城下町の道幅。

町人運営の接待所がありました。ここでは、参勤交代の際に彦根に立ち寄った藩主の兄弟などを、郷土料理でもてなしたことが記録に残ります。藩政とも結びついた、重要な町人地だったことがわかります。

本町に続いて四十九《しじゅうく》町、上《かみ》・下魚屋《しもうおや》町、佐和《さわ》町などの内町四町が整備されました。外町《とまち》（外堀より外の城下町）の町人には「地子《じし》（屋敷地にかかる税）」が課せられていましたが、内町の町人は免除となるなど、特権的な扱いを受けていました。

江戸時代の一等地「上本町」「白壁町」

キャッスルロードを南西に進み、1つ目の角で左（東）に目を向けます。この通りは江戸時代には上本《かみほん》町《まち》・白壁町と呼ばれました。城下の町人のなかでも上級の町人が居住していた一帯で、漆喰の白壁が続いていました。

彦根銘菓「埋《うも》れ木《ぎ》」で知られる

旧上本町（白壁町） 現在は駐車場などが目立つふつうの道だが、道幅などは当時のものを継承している。

「いと重菓舗」（145ページ）が本店を構えるのもこの通りです。

キャッスルロードを右折（北西）し、西側の道を進みます。こちら側も通り沿いに町人地が集まっており、「下本町《しもほんまち》」と呼ばれました。さらに進み、通り沿いの現在の本町3丁目となっている辺りが旧「連着《れんじゃく》町」です。彦根城のある彦根山（金亀山）は古くから観音霊場として知られており、この通りはその参詣道とぶつかっていました。連着（連雀《れんじゃく》）とは背負子《しょいこ》のことで、参詣者たちがここでいったん連着を下ろし、道端の石に座って休むことが慣例となっていたと伝わります。町名のルーツもここにあります。

旧連着町には江戸時代後期の町家である上野家住宅が残っています。主屋の2階部分はほぼ江戸時代のままであり、虫籠窓《むしこまど》の両脇にねずみ漆喰塗（灰墨で色をつけた漆喰塗）を見ることができます。

腹痛石　連着町の西端にあり、休憩に使われたという。

上野家住宅西側の路地はクランク状になっています。これは「くいちがい」と呼ばれ、見通しを悪くするために、城下町整備の際に意図的につくられたものです。彦根の城下町にはこのような「くいちがい」や、行き止まりになっている「どんつき」をよく見ることができます。

上野家住宅　江戸時代後期の町家で、国の登録有形文化財になっている。観覧できるのは外観のみ（内部非公開）。

上野家西のくいちがい

藩政初期から栄えた「四十九町」と「下魚屋町」

連着町をさらに西へ進みます。通り沿いには旧町名を示した小さな案内板も掲げられています。

連着町の西側、現在の城街1丁目に入る辺りからが旧「桶屋《おけや》町」です。その名のとおり、桶屋が多く集められていました。武家の日用品などをまかなうために置かれた内町の町人地では、同業者の集住が図られており、職業がそのまま町名となった例もしばしば見られます。

さらに西に進むと、またくいちがいに行きあいます。道なりに進むと、左手（南）に「義言地蔵《よしときじぞう》」がまつられています。義言とは、13代井伊直弼の腹心である長《なが》野《の》主膳義言《しゅぜんよしとき》のことです。文久2年（１８６２）の幕政改革の後、義言はこの地にあった牢屋敷《ろうやしき》に捕らえられており、そのまま斬首されました。

この西側（城町1～2丁目辺り）が旧「四十九町」です。彦根藩の領地であった犬上《いぬかみ》郡四十九院（現在の豊郷《とよさと》町）からの移住者が住んだことでついた町名だとされます。義言の例でもわかるように、町の東端に牢屋敷が建てられていたことから、牢屋町とも呼ばれました。

次の十字路で左折（南西）し、見えてくる最初の十字路の右手（西）角に「中村長平屋敷跡」を示す石碑を見つけることができます。中村長平は、義言の門人であり、先の義言地蔵を安置した人物です。

義言地蔵　長野主膳義言はこの地で斬首となったあと、そのまま埋葬された。

町人が多く住んだのはこの辺りまでで、さらに西に進むと武家地となっていました。ここでは中村長平の屋敷跡を背中にして南東へ進みます。

この通り沿いで、現在の城町1丁目辺りが旧「下魚屋町」です。天保7年（１８３６）頃には中魚屋町と下魚屋町に分かれていたとされ、約４００メートルの間に40軒近い魚屋が並んでいました。現在でも吉川家住宅、旧広田家住宅などが残っています。

旧広田家住宅
桁行・梁間ともに15.5メートルという奥行きのある大きな町家で、市の文化財に指定されている（内部非公開）。

先述のとおり、下魚屋町やその北側（中堀側）の四十九町は本町に続いて町割りが行われた区域で、多くの商人が住んでいました。中堀の西角に開けられていた船町口御門の付近には「内船《うちふな》町」があり、魚介類をはじめとした琵琶湖から入ってくる物資が集まっていました。そこから近い四十九町や下魚屋町は商売をする上で便のよい土地だったわけです。

ところで、彦根の町人地を見ていると、新しい民家のほとんどが家の正面に駐車場を置き、通りから奥まったところに玄関をつくっていることに気づきます。これは、町割りの都合上、敷地が縦に長く割り当てられていた影響です。町家は武家屋敷とは異なり門を設けられなかったため、古い町家は非常に奥行きのある構造になっています。それでは不便なこともあるため、新しく民家をつくる場合は玄関を下げているのです。

本町通り南端には「勘定場」と「評定所」

下魚屋町の東側、現在の本町3丁目辺りには職人が集住していた旧「職人《しょくにん》町」があり、さらに東に旧「上魚屋町」がありました。旧上魚屋町の東端には「奥野家住宅」が残されています。安政2年（1855）に建てられたとされ、江戸時代には郷宿《ごうやど》（訴訟に関わった人が訴状作成や宿泊するための場所）として使われました。江戸時代、上魚屋町にも魚屋が軒を連ねており、奥野家住宅をはじめ一部の民家の玄関前には魚の処理に使われていた井戸が残されています。

夢京橋キャッスルロードに戻ったら、南西へ進みます。この付近は旧「元川町」といいました。この町名となっている川とは、芹川のことで、付け替え前は芹川の河岸だった場所です。

右手に大きな寺院が見えてきます。「宗安寺《そうあんじ》」といい、彦根で最も格式ある寺院の1つとされます。もとは上野国《こうずけのくに》

宗安寺赤門　大坂夏の陣で豊臣方の武将として奮闘し、討死した木村重成の首塚が境内にある。●湖国バス「池洲町北」または「四番町スクエア」バス停より／彦根市本町2-3-7

奥野家住宅　明治以降は醬油屋となった。玄関先には井戸が見られる（内部非公開）。

箕輪《みのわ》（現在の群馬県高崎市）にありましたが、井伊家とともに彦根の地に移転してきました。

　通りからひときわ目を引くのが「赤門」と呼ばれる大きな山門です。佐和山城の大手門を移築したものといわれ（139ページ）、馬に乗ったままでもくぐれるようにと敷居がありません。彦根は朝鮮からの外交使節団である朝鮮通信使が通った朝鮮人街道上に位置しますが、宗安寺は彼らの宿としても使われました。

　そのまま進むと外堀を埋め立ててつくられた昭和新道にぶつかります。この辺りに江戸時代には藩の財政を管理・運営する「勘定場《かんじょうば》」や、民政における最高司法機関である「評定所《ひょうじょうしょ》」がありました。そのため、ここからほど近い上魚屋町に郷宿が置かれたというわけです。

江国寺前の「本町口御門」

　勘定場跡の南側を昭和新道が通っていますが、ここにはもともと外堀が掘られていました。北側に昭和新道とほぼ並行して走る細い通りが、江戸時代の道を継承しています。銀行北側の道を進みます。右手（北）に「江国寺《こうこくじ》」という寺院が見えてきます。朝鮮通信使の通訳をつとめた禅僧の宿泊所にもなった寺で、通信使の書記、雪峯が書いたとされる額が掲げられています。

　江国寺門前の茂みの中に「本町口御門」の跡地を示す石碑を見つけることができます。彦根城の外堀には7つの口がありましたが、なかでもとくに重要視された本町口（池須口）御門がこの場所にありました。

　昭和新道は外堀を埋め立てて通されましたが、暗渠《あんきょ》となって今も残っています。昭和新道をおよそ700メートル北西に歩いたところにある「円常寺《えんじょうじ》」などには、外堀に由来する水路があり、今も流れています。

　このようにして歩いてみると、本町周辺は江戸時代からその形を大きく変えることなく、今に至っていることがわかります。とくに町人地を囲むように、堀沿いに寺院や武家屋敷が配置されている点は、ほかの城下町ではあまり見られない特徴で、都市設計の計画性の高さを感じさせます。

本町口御門跡の石碑

「芹橋2丁目」に残る「足軽組屋敷群」

足軽組最大規模の「善利組」

彦根藩は彦根に城下町を建設するため、地形の改変を行っています。低湿地帯を埋め立て、もともとは松原内湖に注いでいた「芹川《せりかわ》」（善利川《せりかわ》）の主流を大きく南側に付け替え、直接琵琶湖に注ぐように変更しました。こうして城下町の排水を改善し、城の南側の防衛強化にもつながる直線の流路を完成させたのです。

その後、彦根城と芹川の間に三重の堀が完成し、内堀と中堀の間には内町が整備されます。そして外堀と芹川の間には、城と城下町を守るため、下級藩士の屋敷と、「足軽組屋敷」が置かれました。

彦根藩の足軽は、北組（切通組）、中組、鐘叩《かねたたき》町組、上《うえ》組（大雲寺組）、善利《せり》組、下組（池須《いけす》町組）、中藪《なかやぶ》組の7つの居住区に集まり、城下町を取り囲むように配置されました。そのうち最大の善利組は、江戸末期には700軒を数えました。善利組足軽組屋敷は現在の

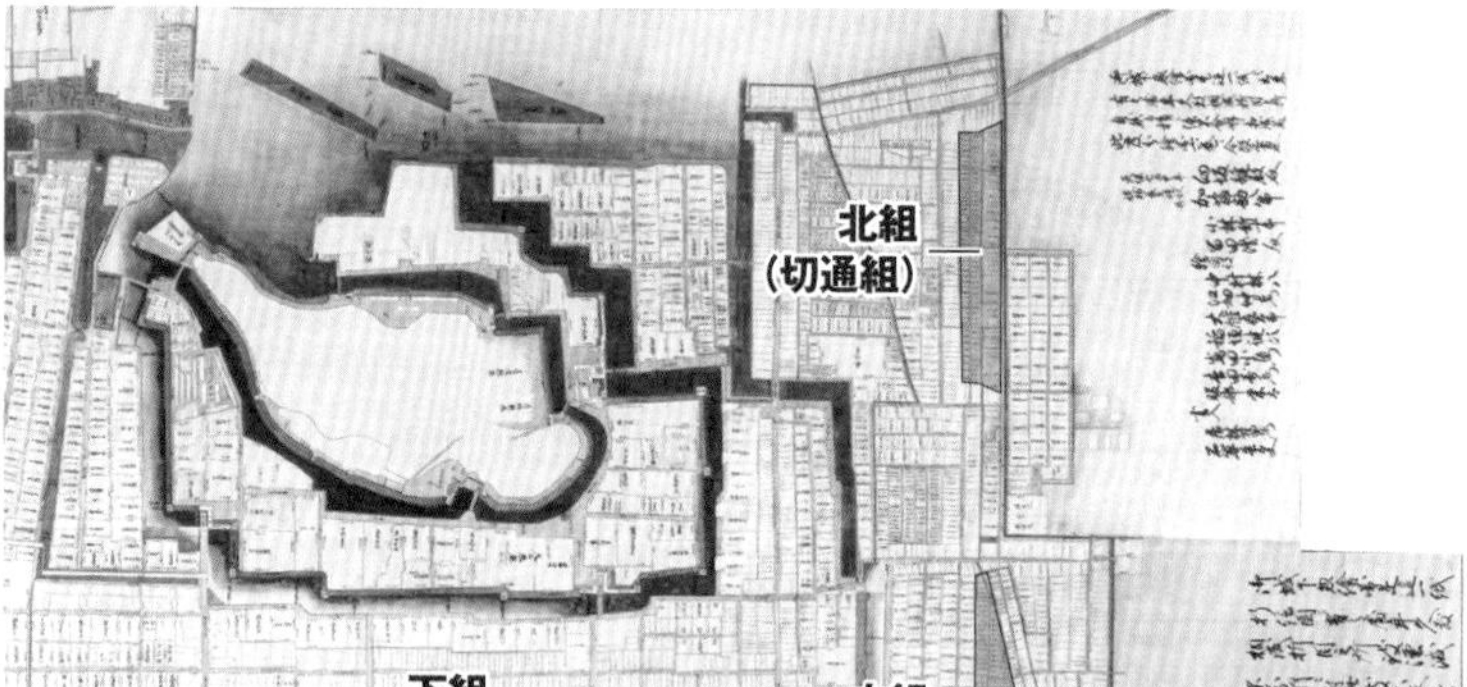

足軽組屋敷群の位置と名称　彦根城御城下惣絵図（彦根城博物館蔵 画像提供：彦根城博物館/DNPartcom）。

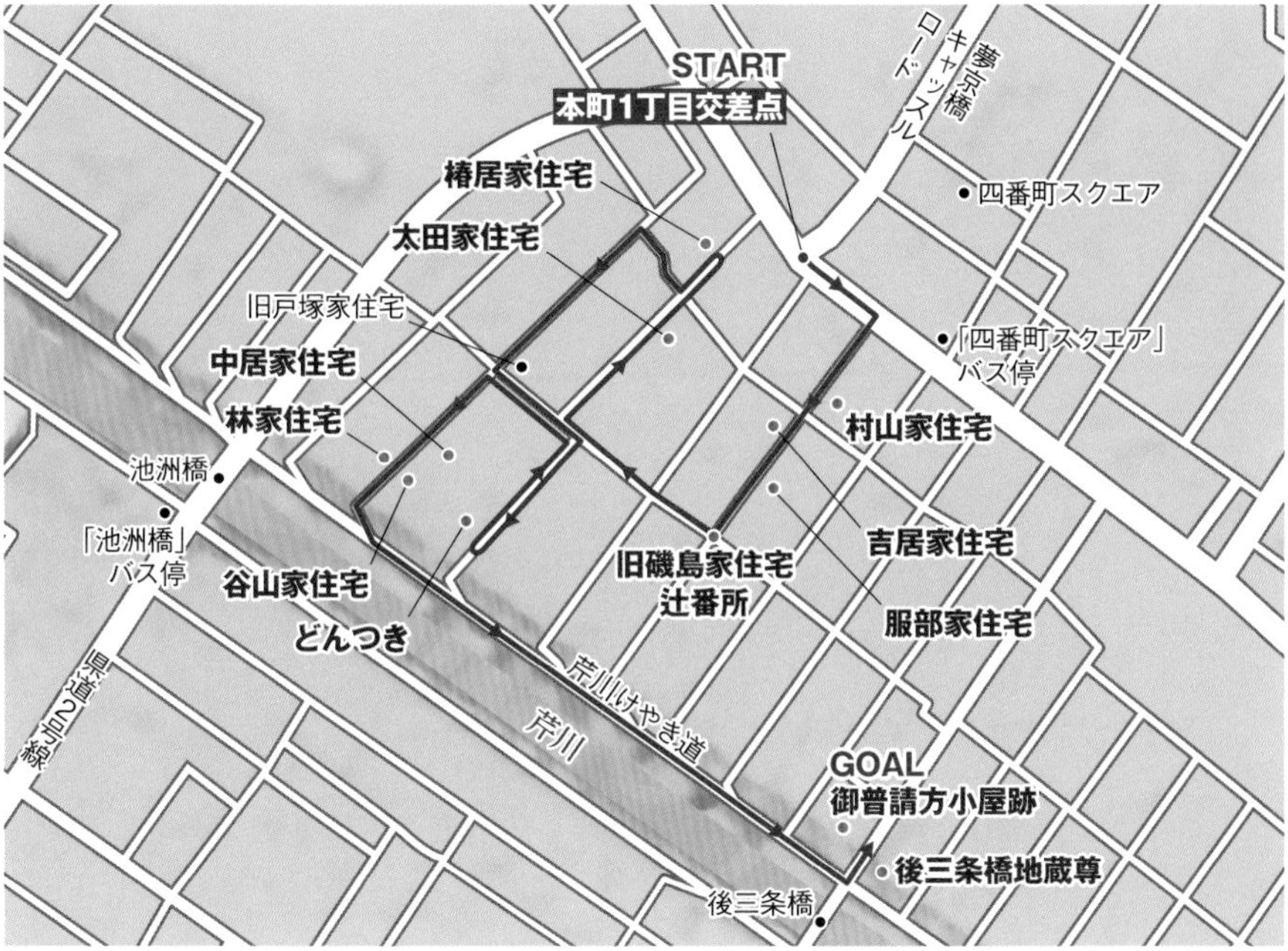

芹橋2丁目に集まっており、彦根市指定文化財となっています。

江戸時代初期につくられた町割りを引き継ぎ、狭い道幅をはじめ、「くいちがい」や「どんつき」など、防衛のための工夫を確認できます。また、見学できる足軽組屋敷を通じて建築の特徴を知ったり、足軽の生活ぶりに思いを馳せたりすることもできる場所です。

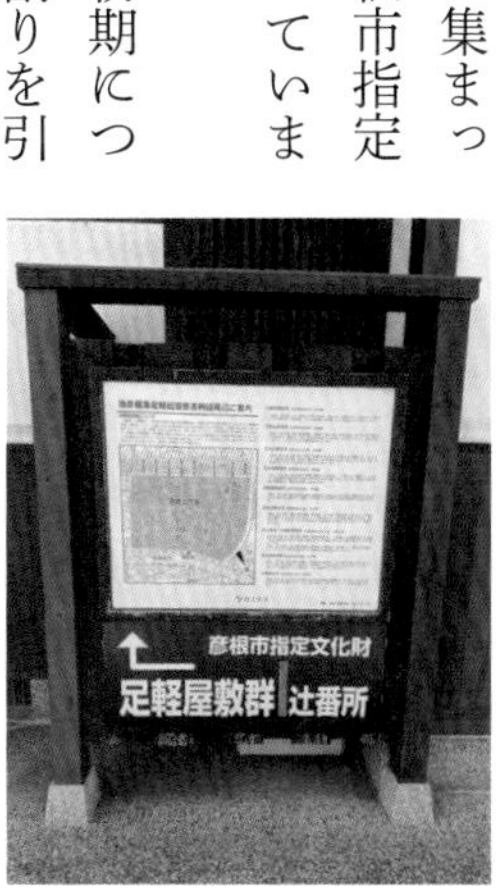

「足軽屋敷群辻番所」案内板

カフェに使われている「村山家住宅」

飲食店や土産物店が軒を並べる「夢京橋キャッスルロード」の南側、本町1丁目交差点から歩を進めていきます。この交差点の南側に「足軽屋敷群辻番所《つじばんしょ》」と書かれた案内板が見えます。看板に記された矢印に沿って、南西に延びる通称「辻番所通り」を直進すると、40メートルほどで、左（東）に善利組足軽組屋敷の1つ「村山家住宅」が見えてきます。

村山家住宅 ●湖国バス「四番町スクエア」バス停より／彦根市芹橋2-6-54

現在、カフェが屋敷を借り、営業しています。「ざしき」「げんかん」「なんど」「だいどこ」の4間に土間がついた典型的な足軽組屋敷の面影をとどめています。

村山家住宅をはじめ、彦根の足軽組屋敷には建築面での特徴である板塀が残っているものが多く見られます。江戸時代の火災では消火よりも周囲への延焼を防ぐことを重視したため、板張りの外壁にしておいて、丸ごと外せる構造になっていました。土塀（荒壁）を併用するのがもともとの形で、こちらは燃えにくいことから、延焼の防止に役立ったと考えられています。

藩支給の足軽組屋敷は一戸建て

他藩の足軽は、ドラマや映画で描かれる足軽のように、長屋住まいが多いのですが、彦根藩では、門構えのある塀に囲まれた庭付きの一戸建てが支給されました。屋敷は、小さいながらも武家屋敷の体裁が整えられています。道路幅が1間半（約2・7メートル）の狭い通りに、このような一戸建ての足軽居住区が残っているのは、彦根城下町の大きな特徴です。

吉居家住宅（内部非公開）●彦根市芹橋2-5-13

服部家住宅（内部非公開）●彦根市芹橋2-6-49

村山家住宅からさらに直進すれば、道路の右手（西）に「吉居家住宅」が見えてきます。間口4間、奥行6間半の住宅です。平成23～24年（2011～12）度に文化財保存修理が行われ、門と塀を設けるなどして江戸時代の姿に復元されました。

吉居家住宅の少し南にある「服部家住宅」は天井板が張られておらず、江戸時代の姿をよく伝えており、令和5年（2023）から文化財保全修理が始まりました。

吉居家と服部家は、建物が道に面した接道型《せつどうがた》になっています。善利組屋敷の特徴的な様式の1つです。

一般公開の「旧磯島家」「辻番所」

服部家から35メートルほど進むと、右側（西）に「旧磯島家住宅」と「辻番所」が現れます。磯島家住宅は、吉居家、服部家とは異なり、屋敷の前に庭がある前庭型となっています。さらに前庭の南端に、城下への侵入者を見張る辻番所が併設されています。

旧磯島家住宅は、間口4間半、奥行6間の住宅で、門をくぐって左に前庭を見ながら「どま」から「げんかん」に入るようになっています。玄関には2畳の「控えの間」があり、続いて床の間を設けた「ざしき」が

旧磯島家住宅　庭先に松が見える。枯れないことから、松は武家に尊ばれた。なお磯島家と辻番所は土日・祝日のみ無料で一般公開。●湖国バス「四番町スクエア」バス停より／彦根市芹橋2-5-19

辻番所　外観（左）と内部（右）。見張り窓から実際に見てみると、道の先まで見通せることがわかる。

あります。さらに部屋の奥にある「なんど」「だいどこ」など、江戸時代後期に建設された内装が当時に近い状態で保存されています。

辻番所は、足軽組屋敷の辻（四つ角）に設けられた4畳あまりの小屋です。手前の辻が「くいちがい」となっているため、見張り窓から2方向が見渡せるようになっています。死角をつくらないための工夫です。江戸時代には、各組の足軽が辻番所に入り、交代で昼夜の番をしていました。かつては足軽組ごとに1か所置かれていましたが、現存するのは旧磯島家住宅に隣接する辻番所だけとなっています。平和な時代が続くと緩みが見え、見張りをしながら酒を飲む、ということもあったようです。

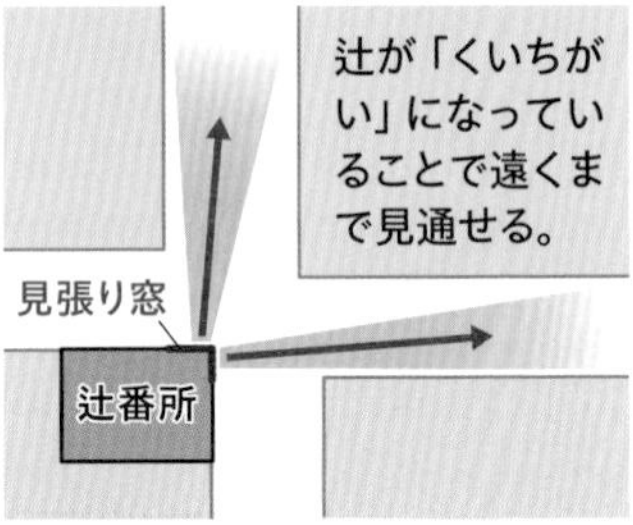
辻が「くいちがい」になっていることで遠くまで見通せる。
見張り窓
辻番所
辻番所と「くいちがい」

バリエーションに富む「くいちがい」

辻番所から北西に進み、2つ目の角を右折（北東）します。50メートルほど歩くと、右手（東）に外壁が塀と一体化した「太田家住宅」が見えてきます。8畳の「ざしき」には床の間があり、外には小さいながらも庭が設けてあるなど、武家の格式を保っています。

さらに30メートルほど北には「椿居家《つばい》

太田家住宅（内部非公開）●彦根市芹橋2-4-56

椿居家住宅（内部非公開）●彦根市芹橋2-3-12

住宅」があります。主家は間口3間、奥行き4間半の建物で、「ざしき」「げんかん」「なんど」「だいどこ」が設けてあります。また、表通り側に土間がしつらえてあります。

椿居家住宅の前で来た道を引き返し、最初の角を右折（北西）して30メートルほど進むと、再度くいちがいに行きあいます。このまま直進すると住宅にぶつかります。

遠くから見れば行き止まりに思えますが、近づけばクランク状になっていて迂回できる道があることがわかります。このような敵を足止めする町割りもまた江戸時代に整備されたものです。

計画的に設けられた「どんつき」

くいちがいの四つ辻を南に80メートルほど進むと、東角に「旧戸塚家住宅」が見えてきます。一部に改修された形跡はありますが、主要な構造材は江戸時代のものを残しており、間取りも典型的な足軽組屋敷の様式となっています。

旧戸塚家住宅がある四つ角を左折（南東）して、1つ目の角を右折（南）します。この路地からは、さらに左右に小路が延びていますが、すべて「どんつき」、つまり行き止まりとなっています。このどんつきもまた、敵を足止めしたり、混乱させたりするめに意図的に設けられたものです。

芹橋2丁目は、あちこちに「くいちがい」や「どんつき」が仕掛けられているため、迷路のような町並みになっています。また、同じ道路幅の路地が続くので、同じ道をぐるぐるまわっているかのような錯覚にとら

どんつき

われるという人も少なくないようです。

ギャラリーと茶房の「林家住宅」

戸塚家住宅前まで戻り、四つ角を左折（南）します。70メートルほど進むと東側に「中居家住宅」が見えてきます。間口5間、奥行5間半の足軽組屋敷で、江戸時代の姿をよく残しています。

中居家住宅（内部非公開）　●湖国バス「池洲橋」バス停より／彦根市芹橋2-3-47

谷山家住宅（内部非公開）　●彦根市芹橋2-3-47

中居家の南隣にある足軽組屋敷の「谷山家住宅」の内部は令和3年（2021）より、チョコレート工房として使われています。

中居家の斜め前に建つ「林家住宅」は、地鎮祭の祈禱札から、天明7年（1787）頃に建てられたことがわかっています。年代が確認された足軽組屋敷のうち最古のものとなります。屋敷は通りに面した場所に、格子戸と板戸からなる木戸門を備え、周囲は板塀で囲まれています。林家住宅は内部に改装がほどこされ、陶芸家が営む湖東焼のギャラリーとカフェになっています。工房兼陶芸教室「再興湖東焼・一志郎窯」も併設されており、工房では予

芹川とケヤキ並木　一段低くなった平地が本来の川底。洪水を繰り返したため、昭和に入って改修工事が行われた結果、現在のようになった。

約制で陶芸体験もできます。

樹齢約４００年の巨木が並ぶ「芹川けやき道」

林家住宅の南は、芹川の堤防につながる坂道があります。先に述べたとおり、芹川は北の松原内湖に注いでいたものを付け替え、現在の流路となりました。この場所の高低差が、堤防が人工的にかさあげされたものであることを物語っています。

坂道を登ると、ケヤキの巨木が目につきます。芹川付け替えの際に護岸目的で植えられたもので、樹齢約４００年を誇ります。並木道は「芹川けやき道」と呼ばれ、南側の遊歩道はジョギングや散歩のコースとなっています。

芹川けやき道沿いを南東に進み、後三条橋交差点で北側に目を向けると、空き地が広がっています。足軽組屋敷があったにしては広めの敷地ですが、ここにはもともと「御《ご》普《ふ》請方《しんかた》小屋」がありました。土木工事を担当する普請方の役所と資材倉庫でした。

ほかの城下町でも普請方に足軽が動員されていますが、彦根藩では約２５０人もの足軽が普請方の下役人となっていました。彼らは城郭をはじめ、城下町の石垣や堀、道路、水路など、都市インフラの整備改修を担っていたのです。

御普請方小屋跡

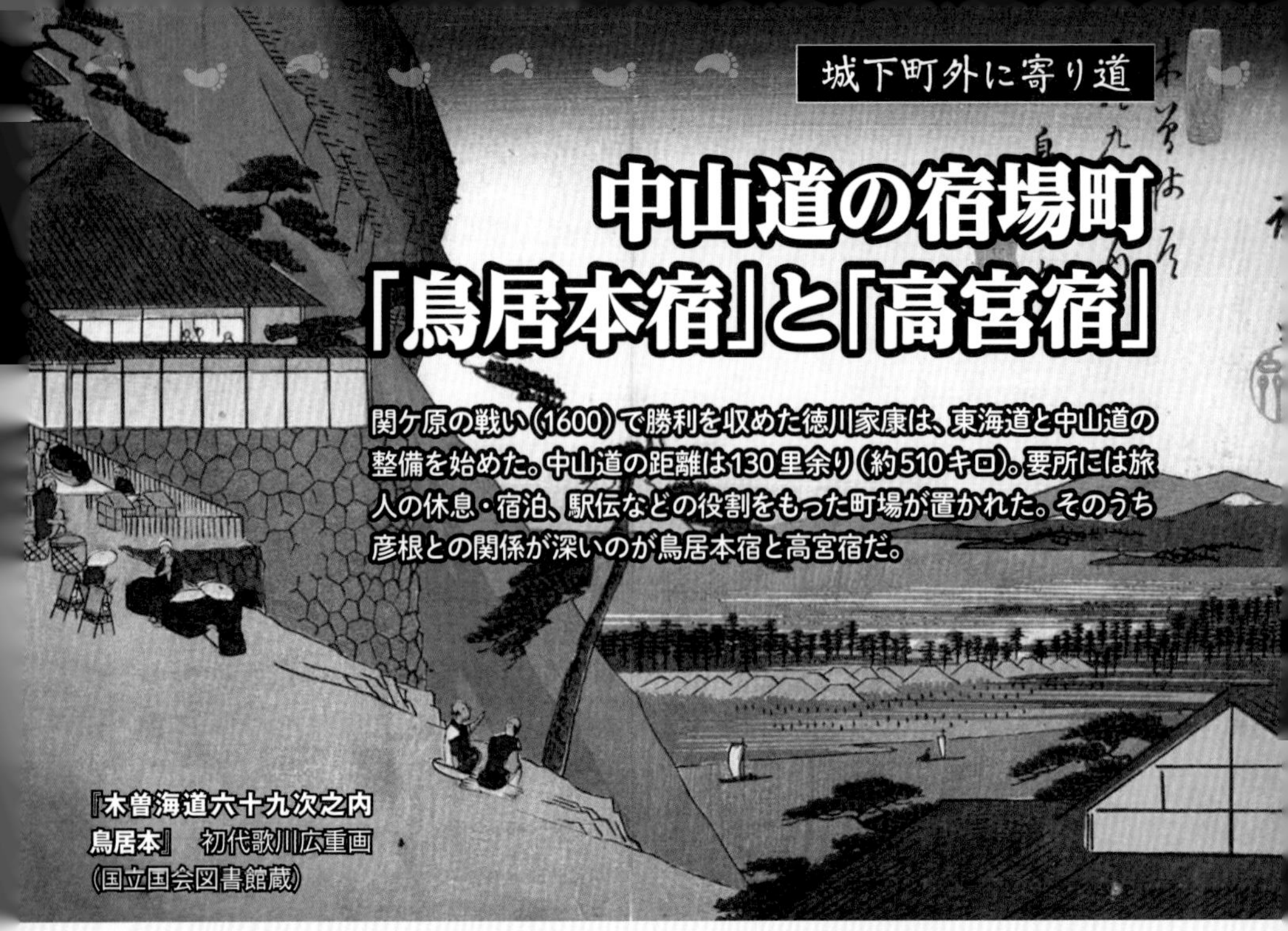

城下町外に寄り道

中山道の宿場町「鳥居本宿」と「高宮宿」

関ケ原の戦い（1600）で勝利を収めた徳川家康は、東海道と中山道の整備を始めた。中山道の距離は130里余り（約510キロ）。要所には旅人の休息・宿泊、駅伝などの役割をもった町場が置かれた。そのうち彦根との関係が深いのが鳥居本宿と高宮宿だ。

『木曽海道六十九次之内 鳥居本』 初代歌川広重画（国立国会図書館蔵）

鳥居本宿への玄関口 琵琶湖を望む「摺針峠」

江戸・日本橋から数えて中山道63番目の宿場町にあたるのが「鳥居本《とりいもと》宿」です。中山道が整備された直後は南の小野に宿場が置かれていましたが、井伊家が彦根城を築くにあたり、幕府の命によって鳥居本へ移されました。

1つ前の番場《ばんば》宿（現在の米原市番場）から鳥居本宿までは山道が続きます。山道を抜けると峠に差し掛かり、急に視界が広がります。この峠は「摺針峠《すりはりとうげ》」といい、遠く琵琶湖が望める中

『木曽海道六十九次之内 高宮』 初代歌川広重画（国立国会図書館蔵）

山道屈指の名勝として知られています。付近には「望湖堂《ぼうこどう》」という茶屋があり、歌川広重の浮世絵にも描かれました。この茶屋は近代まで残っていたものの、残念ながら平成3年（1991）に焼失しています。

峠を下ると鳥居本宿の宿場町が始まります。天保年間（1831～44）に幕府が五街道とその脇街道の宿駅をまとめた『宿村大概帳《しゅくそんたいがいちょう》』によれば、鳥居本宿には本陣が1軒、脇本陣が2軒、問屋場が1軒ありました。本陣は公家や大名の宿泊所、脇本陣はその予備的施設で、問屋場というのは、将軍や大名の人馬の取り継ぎ、幕府公用の書状や物品を次の宿場まで届ける業務を行う施設です。このうち、旧本陣「寺村家」は、明治に入って大部分が売り払われ、住居部分は昭和戦前に洋館（ヴォーリズ設計）に改修されたものの、遺構である門が倉庫に転用されて残っています。

旧本陣寺村家　周辺には庄屋屋敷や地元の豪族・百々家の住宅などが残っている（内部非公開）。●近江鉄道本線「鳥居本」駅より／彦根市鳥居本町664

中山道は、鳥居本宿の南端、現在の彦根鳥居本郵便局付近で、脇街道の「彦根道」に分岐していました。その名のとおり彦根の城下町の切通口につながり、鳥居本宿から彦根までは、朝鮮通信使が通った「朝鮮人街道」とも重なります。

鳥居本宿の3大産業は胃薬と合羽、そしてスイカ

江戸時代の鳥居本宿は「鳥居本の三赤」と呼ばれる3つの産業によって栄えました。

1つ目が「赤玉神教丸《あかだましんきょうがん》」です。有川市郎兵衛《ありかわいちろうべえ》が多《た》賀大社《がたいしゃ》の神薬として売り出した懐中胃薬で、鳥居本宿でしか買えなかったこともあり、ここを通る旅行者たちが競って買い求めたといいます。有川家は製薬会社となり、今でも赤玉の販売を続けています。また、宝暦9年（1759）に建てられた店舗（有川薬局）が現存します。

有川家住宅（有川薬局） 例年10月開催の「とりいもと宿場まつり」の際に一般公開されている。●近江鉄道本線「鳥居本」駅より／彦根市鳥居本町425

岩根家住宅（木綿屋） 昭和に入って転業したが、軒下には合羽の看板が掲げられている（内部非公開）。●近江鉄道本線「鳥居本」駅より／彦根市鳥居本町666

2つ目は「合羽《かっぱ》」です。大坂へ奉公に出ていた馬場《ばば》弥五郎《やごろう》が、和紙に柿渋と荏《え》油《あぶら》を塗った雨合羽を考案したのが始まりだといいます。柿渋に紅殻《べんがら》という赤い顔料を混ぜたものが上級品とされました。合羽の形の看板を提げた「木綿屋」の店舗が残り、型紙などが伝わっています。

最後に「鳥居本すいか」です。これは今では見られなくなってしまいました。

多賀大社門前にある大きな宿場「高宮宿」

鳥居本宿から次の「高宮宿」までは約6キロの距離があります。高宮宿の北に位置する大堀で、城下町の高宮口に通じる彦根道と分岐していました。

『宿村大概帳』の記録によれば総戸数835軒、人口3560人であり、本庄宿（現在の埼玉県本庄市）に次ぐ、中山道第2の規模の宿場町でした。戦国時代には高宮城の城下町として栄え、城が炎上したために一時衰退しますが、江戸時代に入って宿場町として復興したという経緯があります。多賀大社の門前町でもあり、参詣者でもにぎわいました。

高宮宿は、周辺で生産され将軍家への献上品でもあった麻布「高宮布」の集積地としても知られていました。街道沿いの高宮神社門前辺りに、麻布商として栄えた加藤家の住宅が残っています。「布惣《ぬのそう》」という屋号で、明治まで営業を続けていました。

加藤家住宅(旧布惣)　現在はコミュニティスペースとして週末を中心に活用されている。●近江鉄道本線「高宮」駅より／彦根市高宮町1121

宿場町の中ほどには多賀大社の一の鳥居があり、鳥居をくぐると脇本陣跡、そして本陣跡である「小林家」があります。高宮宿の脇本陣は2軒ありましたが、現在はどちらも跡地となっています。本陣は門と玄関を配した武家屋敷風の建物で、現在は表門のみが残されています。

本陣跡から200メートルほどのところにあるのが犬上川で、そこに架かる橋は「無賃《むちん》橋《ばし》」といいます。その名前が示すように、当時は一般的だった橋の渡り賃を取りませんでした。天保年間（1831～44）に、彦根藩が地元の豪商である藤野四郎兵衛や小林吟右衛門、馬場利左衛門らに命じ、広く一般に費用を募らせて架設した橋です。中山道を行く人たちはこの橋を渡って、次の愛知《えち》川《がわ》宿へ向かいました。

多賀大社一の鳥居　柱の間は約8メートル、高さは約11メートル。多賀大社はここから東方約4キロ。

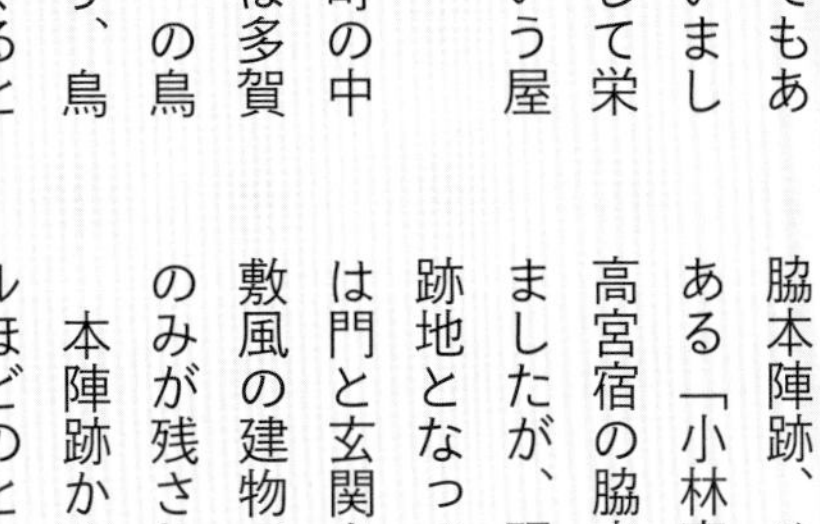

無賃橋　たもとに「むちんばし　天保三年」と刻まれた標石が立つ。現在のものは昭和7年(1932)に架けられたコンクリート橋。

城下 4

外町の彦根道沿い「七曲り」までを歩く

高札場があった「内町大通り」

大坂城を警戒するために生まれた彦根城とその城下町ですが、平和な時代を迎え、井伊家の指揮のもと姿を変えていきました。その際に重視されたのが、江戸へと通じる中山道です。大坂夏の陣（1615）を経て、京橋口から佐和《さわ》口へと、重視する出入口が移っていったのも、中山道への出やすさを考えてのことです。事実、藩主が彦根に入る際には、中山道から鳥居本宿・高宮宿を経て城下に入り、佐和町（現在の立花町）から切通口御門《きりとおしぐちごもん》を通って佐和口に向かっていました。

この中山道から彦根へ通じる脇街道は「彦根道」と呼ばれます。なかでも彦根城下町の内町を通る「内町大通り」沿いは、本町周辺と並ぶ商業地として栄えました。内町大通りは、明治維新後も彦根を代表する商店街としてにぎわい、今日では「中央商店街」へと姿を変えています。ここでは中央商店街の一角に立つ、「伝馬《てんま》町高札場跡」の碑から、城下町の南端までを歩いていきます。

『彦根御城下惣絵図』（部分）　外町の南東側を抜粋。（彦根城博物館蔵　画像提供：彦根城博物館/DNPartcom）

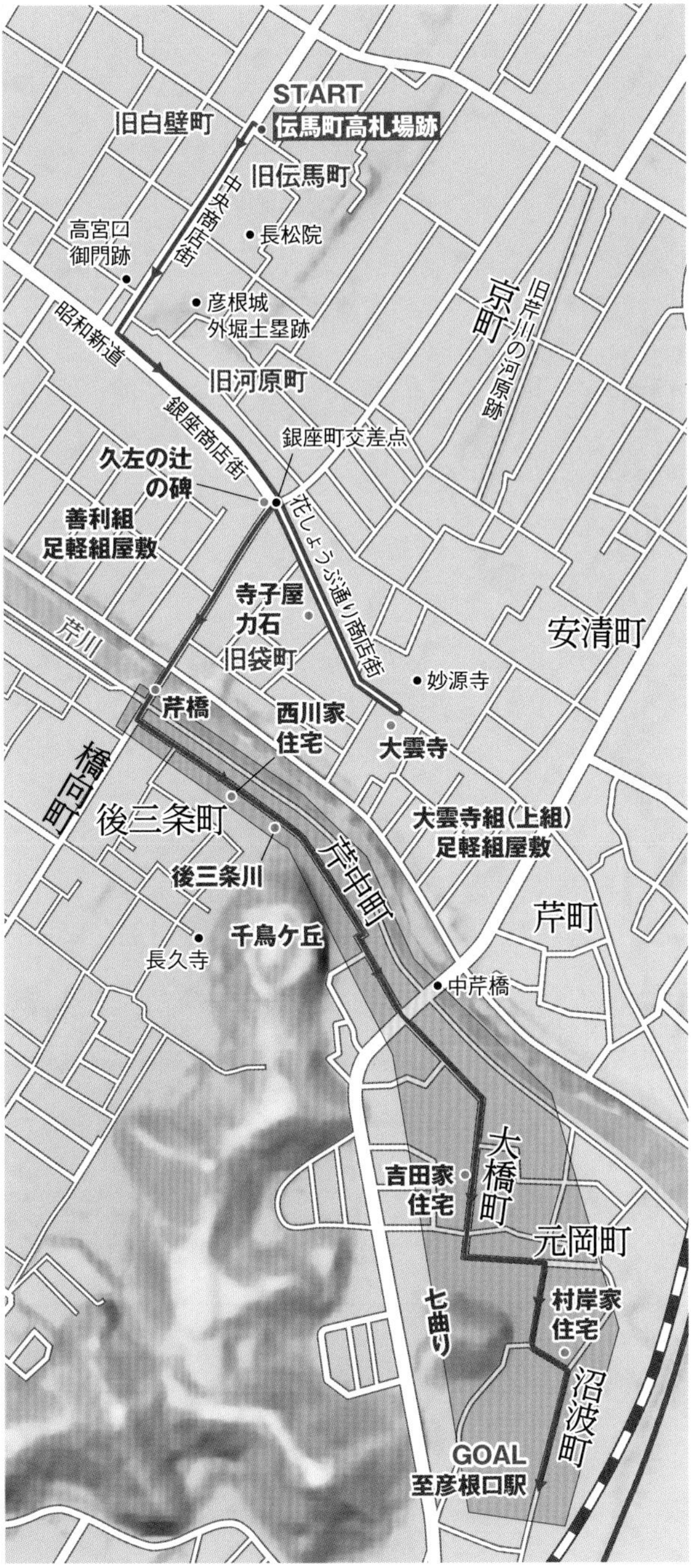

高札場というのは、幕府や藩からのお触れを木札に記して掲げる場所のことです。基本的には城下町でもとくに人通りの多い辺りに設けられていました。そのことからもわかるように、高札場のあった旧「伝馬町」は彦根でもとくに人の往来の多い場所でした。

伝馬というのは、江戸時代に、主要な街道で荷物の輸送などに使われた公用馬のことで、宿場には伝馬を扱う問屋場が置かれていました。彦根の伝馬町もそうした問屋場が置かれ、中山道の宿場に準ずる扱いを受けていました。加えて、高札場があった交差点は、105ページで見た白壁町に面しており、彦根でもとくに栄えた一角だったといえます。

伝馬町の周辺には荷物の輸送に関わる人足《にんそく》や馬持《うまもち》が居を構えていました。彼らは副業として商売も営んでいたようです。そのほか、幕府から認可を受けて秤《はかり》の製造を行う秤座も置かれていました。

旧芹川の流路に生まれた「河原町」

高札場跡から中央商店街を南西へ向かいます。江戸時代、昭和新道にぶつかる辺りには外堀が掘られていて、102ページで見たとおり高宮口御門によって守られていました。今回は昭和新道を南東に進みます。昭和新道沿いには、歴史を感じさせる「銀座商店街」が続いています。外堀を越えたので、この辺りは「外町《とまち》」ということになります。

銀座商店街　夏の二七の市や11月のえびす講では多くの人が集まる。

銀座商店街のある辺りは、江戸時代には「河原《かわら》町」といいました。南側に善利組の足軽組屋敷地帯と隣接した町人地です。

江戸時代の彦根の町人地は、本町手組、四十九町手組、河原町手組、彦根町手組の4つに分かれていましたが、名前からもわかるように、河原町手組の中心となっていました。油屋や貸家、小物屋、薬屋など多様な職種がそろっていたようで、明治に入ると繁華街としてにぎわうようになります。

銀座商店街沿いに歩いていくと、道が緩やかに曲線を描いていることがわかります。河原町の名前のとおり、この町は城下町建設前のもとの芹川の河原にできたといわれています。

慶長9年（1604）に付け替えられた芹川ですが、河原町以外にも、その流路について現在に名残をとどめる場所が、彦根の城下町にはいくつか見られます。地図を見てみると、現在の「京町」の辺りで、町割りに対して斜めに延びている道があることがわかります。ここも、もともと芹川の河原でした。現在の芹町の辺りから、昭和新道のほうと、京町のほうに流路が分かれていました。旧芹川流路の一部は、外堀に利用されました。

明治時代に遊郭となる「袋町」

銀座商店街を道なりに進むと、「銀座町交差点」です。ここは「久左《きゅうざ》の辻」と呼ばれました。この角に近藤久左衛門《きゅうざえもん》という豪商が住んでいたことに由来する名だといわれます。

久左の辻からさらに直進すれば、また商店街が続いており、「花しょうぶ通り商店街」と呼ばれます。「ふるあたらしい」をコンセプトに町づくりに取り組んでおり、平成28年（2016）に重要伝統的建造物群保存地区に指定されました。

花しょうぶ通りを歩きながら、右手（南）の小路を見ていくと、飲み屋やスナックの看板が目につきます。

「久左の辻」の碑　近藤久左衛門は彦根藩の御用商人にまでなった人物だが、没落し、名前だけが残った。

かつては繁華街としてにぎわっていたことが想像できます。この花しょうぶ通りの南側一帯、現在の河原2丁目辺りは「袋《ふくろ》町」とも呼ばれ、かつて遊郭《ゆうかく》がありました。舟橋聖一《ふなはしせいいち》の『花の生涯』の冒頭に登場することでも知られています。

ただ、この場所が遊郭として公許を受けたのは明治に入ってからのことです。江戸時代後期にはすでに娼妓《しょうぎ》がいたようですが、天保6年（1835）に袋町へ娼妓を呼び寄せた者が処罰を受けたという記録もあり、藩としては禁止していたことがわかります。

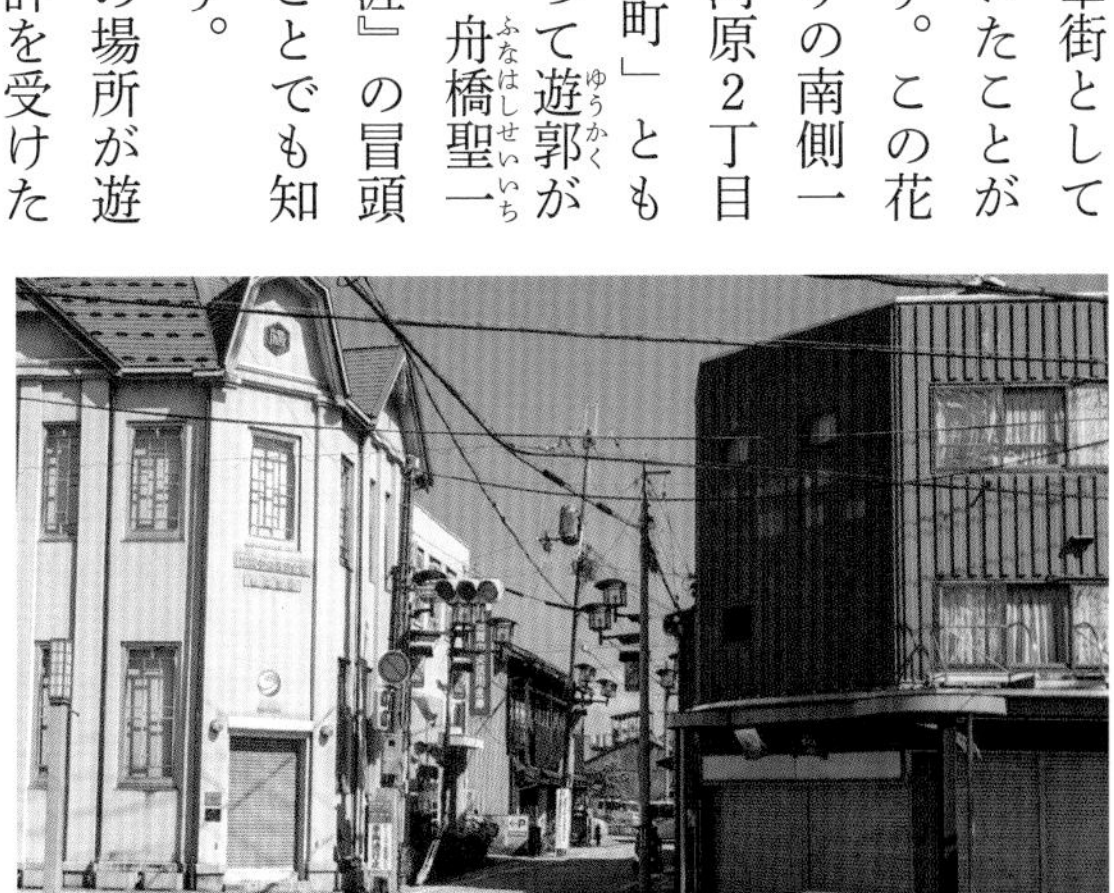

花しょうぶ通り商店街　彦根関係のグッズを販売する「真・戦国丸」や、情報発信の拠点となる「逓《てい》信舎《しんしゃ》」、佐和山城を築いた石田三成のテーマ館「治《じ》部少丸《ぶしょうまる》」などの観光施設がそろう。

江戸時代にはすでに花しょうぶ通りには商家が集まっていたようです。現在でもその当時をしのばせる町家がいくつか残っています。

また、寛政8年（1796）に庶民教育のための施設として藩から認定を受けた寺子屋の建物が残っています。「寺子屋《てらこや》力石《ちからいし》」と呼ばれ、現在はカフェとして営業しています。

花しょうぶ通りを抜けていくと、道の両脇に寺院が見えてきます。右（南）の寺院が「大雲寺《だいうんじ》」、左（北）の寺院が「妙源寺《みょうげんじ》」です。この寺院から先は、足軽組屋敷地帯となっています。彦根の足軽組屋敷は7つの組に分かれていましたが、この寺の周囲にはその1つである「大雲寺組（上組）」が軒を連ねていました。足軽組屋敷と町人地が隣り合う、彦根らしい町のつくりを感じられる場所です。

朝鮮人街道と彦根道の分岐点「橋向町」

花しょうぶ通りを引き返し、久左の辻まで戻ります。南西へと進むと、ほどなく芹川に架かる「芹橋」が見えてきます。この橋は、芹川の付け替えにより、中山道や朝鮮人街道から城下へ入る唯一の橋として架けられました。

橋を渡ると、江戸時代の町名が残る「橋向《はしむかい》町」です。基本的に、彦根の城下町は芹川の北に広がっています

寺子屋力石　平成23年（2011）に一部焼失したが、ギャラリー兼カフェとして再興した。●湖国バス「銀座」バス停より／彦根市河原2-3-6

大雲寺　慶長元年（1596）に現在地に創建されたと伝わる。●湖国バス「銀座」バス停より／彦根市河原1-1-4

が、この辺りは芹川を越えて南にも町人地が続いていました。

橋向町周辺の町人地は、彦根城ができる以前から長久寺《ちょうきゅうじ》の門前町として形づくられており、佐和山に続く街道が通っていたようです。もともとの街道を利用して、彦根への街道が生まれたと考えられています。

芹橋

橋を渡ってすぐに左（南東）へ向かうと「七曲《ななまが》り」と呼ばれる一帯です。彦根道は七曲りを経て高宮宿へとつながっています。

後三条川　芹川から引き込まれた人工の川。現在も用水路として使われている。

なお、ここまで歩いてきた高宮口御門から久左の辻、芹橋という道筋は、朝鮮通信使の通った「朝鮮人街道」の一部でもあります。この朝鮮人街道は、橋向町から南へ直進していきます。橋向町は彦根道と朝鮮人街道の分岐点にもなっていました。

「朝鮮人街道」の碑

大坂夏の陣後に開発された「七曲り」

橋向町から東へ、七曲りを進んでいきます。江戸時代の地名でいうと「後三条町」「善利中《せりなか》町（現在の芹中町）」「大橋《おおはし》町（現在の大橋町北側）」「大橋中《おおはしなか》町（現在の大橋町南側）」「岡《おか》町（現在の元岡町）」「沼波《のなみ》町」までの間が、七曲りと呼ばれます。東端の沼波町は現在では近江鉄道の彦根口駅の付近になります。地図で見ると、七曲りの名前のとおり、何度も折れ曲がった道筋になっていることがわかります。

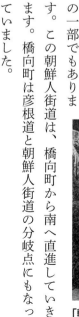

七曲りの各町は、寛永18年（１６４１）から開発が始まった地域です。大坂夏の陣を経て井伊家の家臣団が急増し、城下町を拡大する必要に迫られたことが背景にあります。

七曲りに入って2本目の角で右を見ると、一見行き止まりのようですが、クランク状に道が続いている小路を確認できます。この小路を過ぎた辺りに、古民家「西川家住宅」が残っています。黒漆喰が特徴的な明治初期の建物で、昔は家具を販売していました。

右手（南）に地蔵が見える辺りで、小さな水路が南に流れていることが見て取れます。これは江戸時代に築かれた後三条川の名残です。町人地の雰囲気をよく感じられる場所でもあります。

後三条川を過ぎた辺りから、右手（南西）の建物の背後に山肌が見えるようになります。千《ち》鳥《どり》ケ《が》丘《おか》

後三条町のクランク状の小路

芹中町（旧善利中町）の十字路 中芹橋から南へ昭和に新道が通された。十字路がややいびつな形になっているのは、もともとクランク状の道になっていたため。

大橋町周辺 七曲りのなかでも、とくに多くの町家が残る辺り。

の斜面です。千鳥ケ丘公園の高台からは彦根城や彦根の城下町がよく見通せるので、寄り道するとより彦根の町を理解するための助けになります。

そのまま直進し、十字路を越えた辺りからとくに歴史的な建造物が多く残されています。なかでも大橋町の「吉田家住宅」や、沼波町の「村岸家住宅」は江戸時代の建物で、当時の様式がよく残っています。

武器づくりから仏具づくりに転換

七曲りを歩いていくと、古い町家とともに、仏壇・仏具関係の看板や店舗が目につきます。彦根の仏具は全国的にも知られていますが、その中心となっているのが七曲り周辺です。

仏具の製造は江戸時代中期に始まりました。七曲りの周辺が開発された当初、この辺りには武具をつくる塗師《ぬし》、指物師《さしものし》、錺金具師《かざりかなぐし》などの職人が多く住んでいました。しかし、平和な時代が続くと武具の需要が減っていったため、新規事業として仏壇や仏具の製造を行うようになったとされます。

城下町のなかでも端の地域なので、さびれた界隈《かいわい》を想像しそうなものですが、江戸時代末期にはこの辺りから有力町人が台頭してきます。城下へ入る主要街道沿いという立地を生かした、活気ある町が広がっていたと考えられます。

城下町南側の彦根道周辺では、盛んな商業活動が行われていて、今でもその活動を引き継いだ商業地域が形づくられています。歴史のある商店は、本町周辺以上に多く残っていることも見て取れます。

また、外町の周辺は、内町の周辺のように土塁で守られ周辺と分断されているということもなく、比較的開放的な雰囲気となっています。江戸時代後半の商業的な中心は、利用しやすい彦根道沿いに移っていったようです。

村岸家住宅　江戸時代後期の町家。1階に土戸が残る（内部非公開）。●近江鉄道本線「彦根口」駅より／彦根市沼波町20-1

城下 5

水運でにぎわった「松原内湖」周辺

参勤交代に使われた「切通口御門」

中山道から分かれ彦根へ至る脇街道を「彦根道」と呼びます。北側は現在の船町辺りで東に折れて、佐和《さわ》山南の「切通峠《きりとおしとうげ》」を通り、鳥居本宿へと続いていました。藩主が参勤交代のときにも使った、大変重要な経路です。

参勤交代で江戸から彦根に帰ってきた藩主は、切通峠の坂を下りきった辺り（現在の彦根市古沢町）で駕《か》籠《ご》を降り、馬に乗り換えて彦根の城下町に入りました。この城下町へ入る辺りには宿場町の入口のように道の脇に松並木が植えられていたため、「松縄手《まつなわて》」とも呼ばれました。そして、外堀を渡った「切通口御門」で馬を降りて歩いて彦根城に入りました。

「切通口御門跡」の碑

ここでは、この切通口御門跡を起点に、外町の北側を見ていきます。併せて、彦根の水運の要でもあった松原内湖《まつばらないこ》の周辺にも触れます。

「彦根キャッスルリゾート＆スパ」の南側に、切通口御門跡の碑があります。切通口御門は、この場所に東を向いて建っていたと考えられています。１２２ページで触れた内町大通りはまっすぐ延びて、この切通口御門へとつながっていました。彦根キャッスルリゾート＆スパのあるブロックの東側を南北に通る道が、かつての内町大通りです。門と通りの間は、枡形《ますがた》になっていたようです。

かつての内町大通りを北東へ歩いて行くと、すぐに、佐和口に向かう道と交差しています。江戸時代にはこの場所を外堀が流れ、土橋が架かっていました。ここから先が外町となります。

外町でも格式の高い町人地「彦根町」

外堀を渡った辺りは、江戸時代には旧「彦根町」という町人地でした。明治に彦根駅から護国神社までを結ぶのちの「駅前お城通り」が通されたため、町が南北に分かれていて、もともと同じ町だったとは感じられません。旧彦根町の北側は旧「柳《やなぎ》町」とともに現在の「元《もと》町」、南が「佐和町」の一部となっています。

現在の県道517号線の一部はもともと外堀でした。旧彦根町やその北側の旧柳町の家のそばには、外堀が

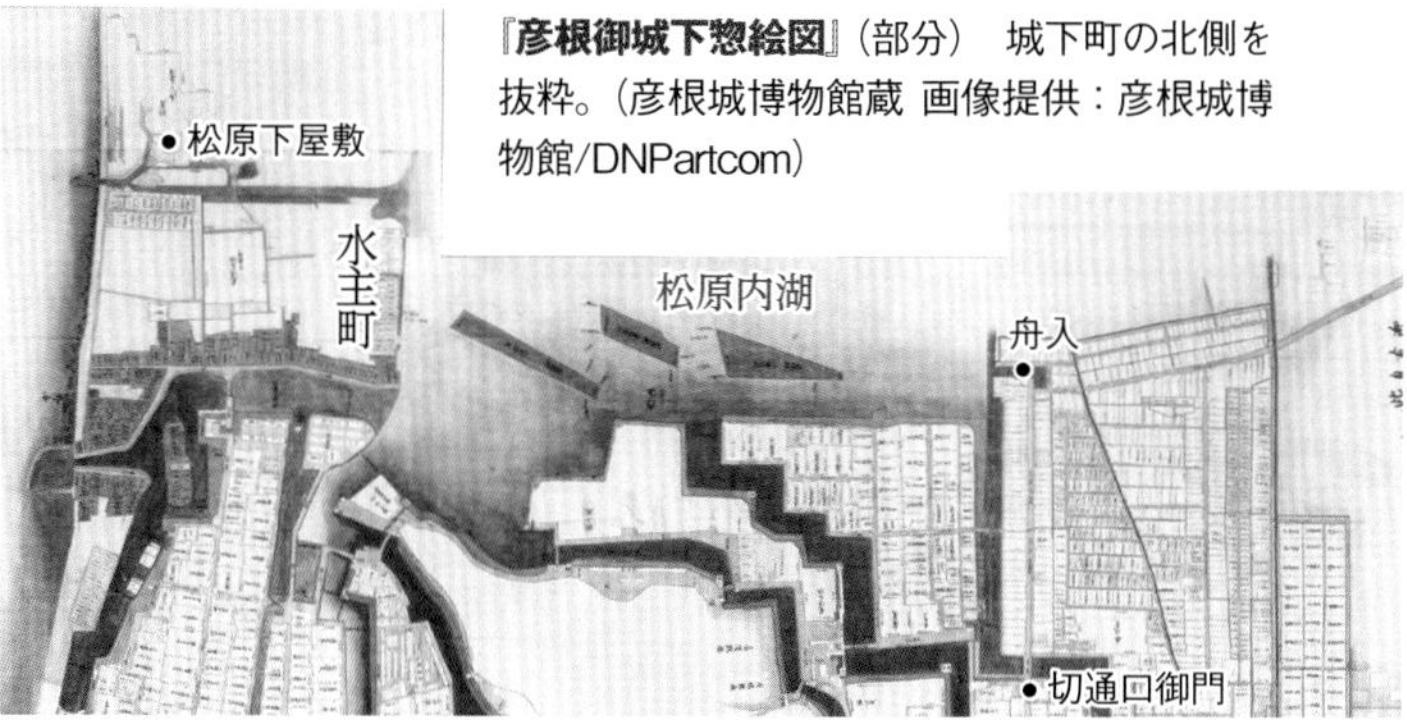

『彦根御城下惣絵図』（部分）　城下町の北側を抜粋。（彦根城博物館蔵　画像提供：彦根城博物館/DNPartcom）

通っていたということになります。家から直接外堀に出ることができるようになっていて、外堀に船を浮かべている家もあったようです。

かつての彦根町という地名は、城が建つ以前の彦根村に由来します。町人地を4つに分けたうちの1つ、彦根町手組の筆頭でもありました。城下町の整備が始まって、早い段階で成立した町だと考えられています。

純正寺　旧彦根町と旧柳町の境界にあったものが現地に移った。

身分を超えた中村家と脇家の交流

駅前お城通りで右折（南東）します。古地図を見ると、旧彦根町の東側には足軽組屋敷が並んでいました。さらに進み、左側（北）の道を見ていくと、町割りに対して斜めに延びている道があります。これも芹川の旧流路の名残で、伏水などがあったため開発が遅れた一帯だと考えられています。

この斜めの道を越えた辺りにある、滋賀中央信用金庫城東支店の角で左折（北東）します。80メートルほど進んだ辺りに、「中村商家保存館」があります。中村家は江戸時代初期から続く商家で、明治に倒壊し大改修を受けてはいるものの、建物は江戸時代の様式をよく残しています。

この中村家は分家筋にあたり、本家は初代井伊直政の佐和山入封以前からの旧家で、彦根築城当初は河原町に、大坂の陣後の城下拡張の際

中村商家保存館
寛永年間（1624〜44）に現在の場所に土地をもらい、本家から分かれて居を構えたという。●JR東海道本線・琵琶湖線「彦根」駅より／彦根市旭町3-23

は平田町を預けられ町役人となっています。

この中村本家の住宅の南側には、彦根藩の家老もつとめた重臣である脇《わき》家の下屋敷（現在の天理教彦根分教会）がありました。ほかの城下町ではあまり見られないことですが、有力町人である中村家と脇家の間には、非常に深い付き合いがあったという記録が残っています。脇家が彦根から出立する際に首途《かどで》の盃をかわし、帰着した際に出迎えたり、儀礼を行っていました。中村家が無利子で金を貸したり、脇家が知行地《ちぎょうち》を預けたりといった経済的なつながりも見られました。

両家のつながりは、脇家が直政の家臣として彦根に越してきた際に、中村家に寄宿して以来のものだといいます。このような有力町人と武家とのつながりは、中村家と脇家以外にもあったと考えられています。

水路と陸路の交差する「外船町」

中村商家保存館の南側の小路を、北西に進みます。100メートルほどで、先ほど通り過ぎた斜めに延びる道に出ます。右折（北）してしばらく進み、十字路の左側（西）にあるのが、「絹屋半兵衛《きぬやはんべえ》屋敷」です。

絹屋半兵衛屋敷　絹屋はこの場所で代々古着商を営んだ商家。江戸時代の建物が残る（内部非公開）。●JR東海道本線・琵琶湖線「彦根」駅より／彦根市元町2-16

屋敷の主である絹屋半兵衛は湖東《ことう》焼《やき》（148ページ）の創始者として知られます。古着商だった半兵衛が京都で見かけた焼き物に興味をもち、伊万里から職人を呼び寄せたと伝わります。

この屋敷が建つ辺りは現在「船町」といいますが、江戸時代には「外船《そとふな》町」と呼ばれ、琵琶湖の水運を利用して商品や魚介類などが荷揚げされていた場所です。内町に内船町があったため、外船町といわれました。

絹屋半兵衛屋敷の北側を通る道が中山道の鳥居本に通じる彦根道です。この道を北西に進むと、丁字路になり、ここを左折（南西）すると旧「柳町」です。

丁字路を右折（北東）し、次の角で左折（北西）すると「彦根旧港湾」です。江戸時代にはここから北側の現「松原《まつばら》町」一帯には、琵琶湖の内湖である「松原内湖」が広がっていました。食糧増産のため昭和19年（1944）に始まった干拓によって、内湖はすべて陸地になっています。旧柳町の端にはこの松原内湖から水が引き込まれていて、「舟入《ふないり》」となっていました。

彦根旧港湾の北東側を中堀に沿って延びる城北通り（県道517号線）を進みます。右手（北）には大型のスーパーや、彦根総合スポーツ公園などがつくられていて、ここまで見てきた城下町とは景観が大きく異なります。松原町が内湖を埋め立ててできた、城下町とは成り立ちの異なる一帯だということが、改めて確認できます。

彦根城から見た松原内湖の古写真　（彦根市立図書館提供）

彦根旧港湾　大正12年（1923）から工事が始まり、現在の彦根港ができるまで港として使われた。

干拓後も残る「松原内湖」の名残

800メートルほど直進し、道が緩やかに曲がり始める辺りからが、現在の町名で「松原」です。内湖に面した辺りには、水主《かこ》衆と呼ばれる人々の住む旧「水主町」がありました。水主衆というのは、藩主の船を扱う船頭集団、つまりは井伊家の水軍とい

松原橋　現在のものは平成9年（1997）に架け替えられた。橋の北詰に回転橋の記念碑が立つ。

える存在でした。

さらに北西に進むと、「松原橋交差点」に出ます。松原橋は北側から内町に架かっていた唯一の橋です。大正時代に彦根旧港湾の整備が始まったのに伴い、船の就航を邪魔しない回転橋に改修されました。彦根旧港湾は役割を終え、現在では琵琶湖沿いの「彦根港」が使われているため、松原橋も一般的なコンクリート製の橋になっています。

彦根港　昭和37年（1962）から建設が始まった港。同地には江戸時代、彦根三湊の1つであった松原湊があった。

松原橋交差点を越えて北西に進むと、現在の彦根港があります。同じ場所に、江戸時代には「松《まつ》原《ばら》湊《みなと》」と呼ばれる彦根の主要港がありました。

琵琶湖沿いを右折（北西）すると、右手（東）に木々に囲まれた一帯が見えてきます。ここは「松原下屋敷（お浜御殿）」（国指定名勝）と呼ばれた井伊家の下屋敷で、殿様の遊興や他藩に出た親類と会う場合などに使われました。彦根藩では、たとえ血縁者であっても、城の中核部には入れませんでした。

彦根の城下町のなかでも北側は、江戸時代から最も大きく姿を変えた一帯といえます。しかし、よく探すと当時の名残を見つけることができます。

松原下屋敷　文化7年（1810）の史料に初出。この頃に設けられたとみられている。江戸時代には周囲を堀が囲っていた。通常非公開で年に数週間だけ特別公開。●湖国バス「視覚障害者センター」バス停より／彦根市松原町515（右：彦根市文化財課提供、左：国土地理院提供）

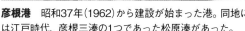

彦根城築城とともに廃された「佐和山城」

彦根城と入れ替わりで廃城となった佐和山城。現在は西麓の清凉寺や龍潭寺がその敷地を管理しており、石碑が当時の様子を伝える。東麓には当時の町割りや縄張りの痕跡も見つけることができる。

彦根城から見た佐和山

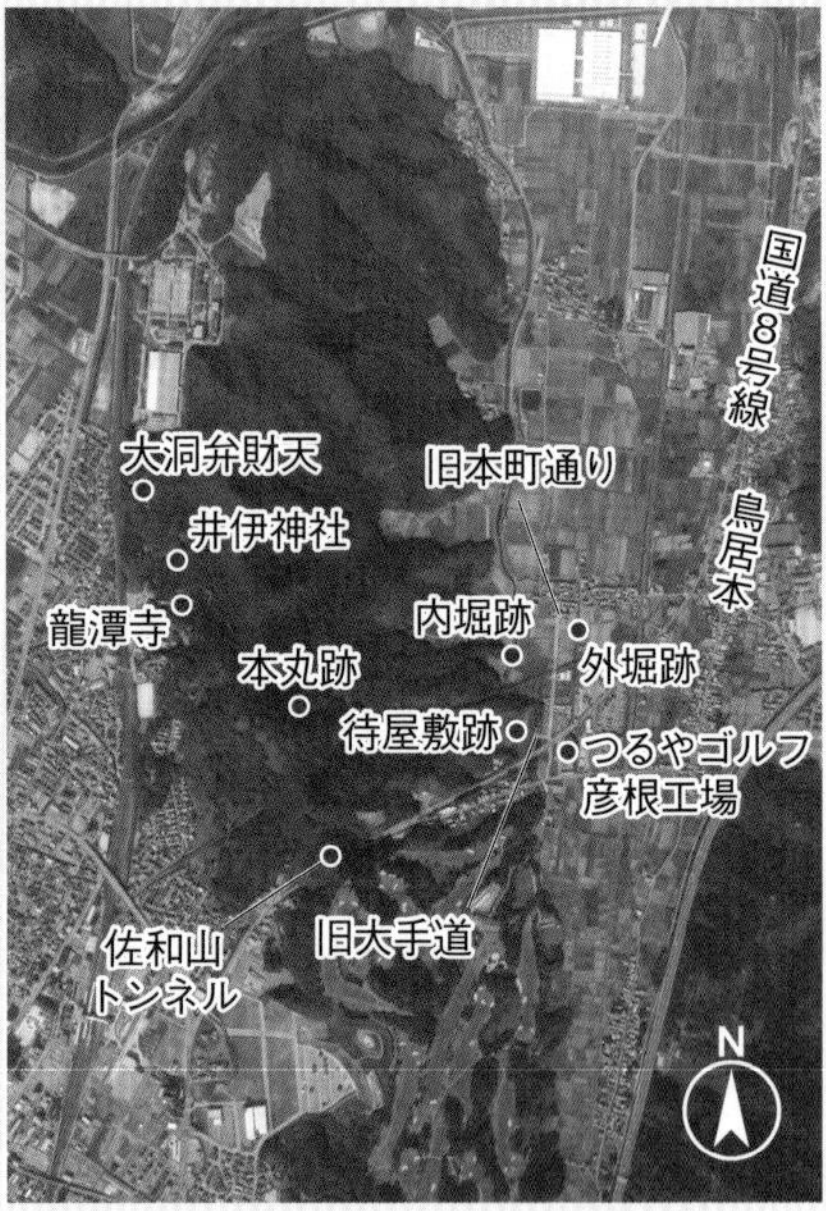

佐和山周辺の航空写真(国土地理院提供)

北国街道と中山道の交差点 西国の最前線として重要視

彦根城から東へ約2キロ、標高232・9メートルの「佐和山」に佐和山城はありました。石田三成の最後の居城として知られていますが、その歴史は古く、鎌倉時代初期に近江源氏佐々木定綱《さだつな》の六男である佐保《さほ》時綱《ときつな》が佐和山の麓に館《やかた》を築いたのが始まりです。戦国時代には六角氏や京極氏、浅井氏といった戦国大名が佐和山城の争奪戦を繰り広げました。織田信長は佐和山城に重臣・丹羽長秀を配し、安土城築城までの間、近江平定の主要拠点としています。羽柴（豊臣）秀吉は、五奉行筆頭である石田三成を配しました。

佐和山は琵琶湖（松原内湖《まつばらないこ》）に面し、東麓では北国街道と中山道が交差しています。非常に重要な位置にある城だったといえます。

佐和山城は関ケ原の戦い（1600）で三成が敗北したことにより落城します。井伊直政に与えられますが、井伊家が彦根に本拠を移したことで廃城となりました。

旧本町通りや旧大手道の町割りが残る佐和山東麓

石田三成が佐和山城主となったのは文禄4年（1595）のことでした。これ以降に、荒廃していた佐和山城の改修が行われたと考えられています。

三成は佐和山の山頂に五重の天守を築き、本丸以下、二の丸、三の丸、西の丸、太鼓丸、法華丸の曲輪を配置しました。現在遺構として確認できるのはこのときのものです。

大手門は中山道が通る鳥居本宿（118ページ）側に開き、周囲を二重の堀がめぐっていました。堀の内には侍屋敷、足軽屋敷、町家などの城下町も形成されていました。また、佐和山西麓には侍屋敷や米蔵が建ち、湊につながる橋が架けられていたこともわかっています。

建物などのわかりやすい遺構はほとんど残されていないものの、東麓の現在の佐和山町の辺りには、ところどころに当時の城と城下町の面影を見ることができます。国道8号線沿いにつるやゴルフの彦根工場がありますが、この西側を南北に延びる道は、佐和山城の旧本町通りを継承

佐和山城旧大手道　道の正面にあたる山の高い部分が本丸跡

しています。工場付近で西に入る小道があり、これが旧大手道です。その先の田畑には、侍屋敷が並んでいました。付近には土塁跡や、内堀の名残である水路なども残っています。

ほかにも、やや離れて、外堀を継承しているとみられる小川が流れています。近年では、発掘調査が行われていて、外堀の存在や規模がはっきりと確認されました。

井伊家ゆかりの寺社群が形づくられた佐和山西麓

このように城下町の遺構が残る山の東側に対して、西側には佐和山城や井伊家と関係の深い寺社が並びます。また佐和山を登るハイキングコースも整えられていて、本丸跡まで行くことができます。

このハイキングコースの入口に、「龍潭寺《りょうたんじ》」という寺院があります。もともとは遠江国（現在の静岡県西部）にあった井伊家の菩提寺で、井伊家がこの地に入ると同時に分寺されました。境内には石田三成の像があり、三成の菩提も弔われています。また佐和山城で使われていた「龍潭晩鐘《りょうたんばんしょう》」も見ることができます。

龍潭寺のすぐ北側に見える鳥居は「井伊神社」のものです。12代井伊直亮《なおあき》が井伊家の始祖の750回忌にあたって井伊谷《いいのや》の八幡宮から井伊大明神を分霊して創建したもので、初代直政、

龍潭寺山門　佐和山へ登るには龍潭寺の開門時間内にここから向かうこととなる。庭園やだるまの寺としても有名。●JR東海道本線・琵琶湖線「彦根」駅より／彦根市古沢町1104

松原内湖大洞弁財天船着き場　明治頃の絵葉書。大洞弁財天の麓付近まで湖水が届いていて、鳥居がある辺りに船着き場があった。（彦根市立図書館提供）

2代直孝《なおたか》もまつられています。

さらに北には「大洞弁財天《おおほらべんざいてん》」があります。正式には長寿院《ちょうじゅいん》といい、4代直興《なおおき》の発願で建立されました。

龍潭寺から南に少し歩いたところには「清凉寺《せいりょうじ》」があります。清凉寺も井伊家の菩提寺ですが、島左近（三成の家臣）の屋敷があった場所としても知られています。

なお、江戸時代までは琵琶湖の内湖である松原内湖が残っていて、佐和山の麓近くまで水が迫っており、船着き場も設けられていました。これらの寺社群は湖岸に並んでいたということになります。

建物は石垣の石材すら ほとんど残らない本丸跡

山頂の平坦部が「本丸跡」です。龍潭寺から20～30分ほど山道を歩くことになります。彦根城のある彦根山より100メートルほど高く、琵琶湖や彦根城を見下ろすことができます。本丸跡から北東に延びる尾根には二の丸があり、城の北方の防衛を担っていました。

本丸跡の周辺には、ほとんど何も残されていません。わずかに石垣の跡や井戸の名残を見ることができるだけです。同時期の城の例から、石垣が築かれ、その上に天守が建っていたと考えられています。

縄張《なわばり》や町割り以外に何も残されていないのは、建材が彦根城や城下町の整備に利用されたからだといわれています。江戸時代以前にはこうした建材の再利用は一般的なことでした。

ちなみに、移築された設備のなかには、現在まで残っているものもあります。夢京橋キャッスルロードの西側にある宗安寺の山門（108ページ）は、佐和山城の大手門だったと伝わっています。また妙源寺（126ページ）の山門は法華丸の門を移築したものと伝わります。いずれも鮮やかな朱色で、馬に乗ったままでも通れるようにと敷居がありません。

佐和山城本丸跡

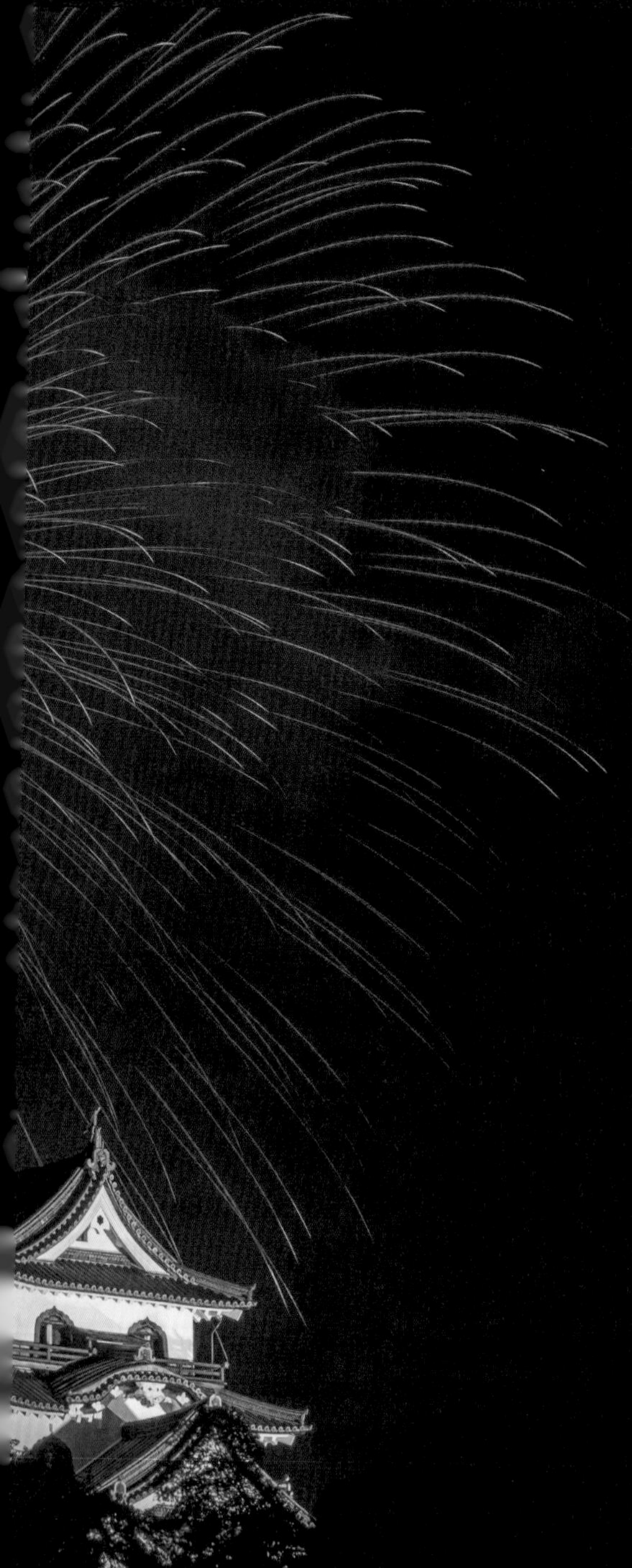

Part 3 近江彦根の文化探訪

天守と打ち上げ花火

近江彦根の食文化

湖国の魚、塩と米が育んだ郷土食

滋賀県は中央に琵琶湖を抱くことから、「湖国」と呼ばれてきました。日本最大の淡水湖である琵琶湖水系には、フナ類、ホンモロコ、コイ、アユ、ビワマス、スジエビ、シジミなどの豊富な魚介類が生息し、彦根にも豊かな恵みをもたらしました。

湖国滋賀の代表ともいうべき郷土食が、琵琶湖でとれたフナを発酵させた**ふなずし**です。ふなずしは、春に卵をはらんだニゴロブナやゲンゴロウブナを塩漬けにし、夏の土用の時期に余分な塩を洗い流してご飯と一緒に漬け直し、正月頃まで自然発酵させてつくります。10か月近い月日と手間ひまをかけて仕上げるふなずしは、特有の発酵臭がありながらほのかな酸味と複雑なうま味があり、おもてなしの食膳や、滋養強壮によいとして病気のおりにも食されてきました。

ふなずしは日本で最も古い形の「なれずし」の一種とされています。なれずしとは、魚と米を発酵させた食品を指し、冷蔵庫などなかった時代に動物性タンパ

ふなずし　彦根城付近の観光センターなどで土産として気軽に買うことができる。

ク質を保存するための知恵として生まれました。古代から、魚を保存するために日本各地でつくられていました。

その後、なれずしはしだいに衰退しましたが、琵琶湖周辺ではこのなれずしが「ふなずし」として定着しました。その理由として、琵琶湖の豊富な魚類をはじめ、塩と米が入手しやすかったことが挙げられます。

塩は、塩づくりが盛んだった敦賀と塩津を結ぶ「塩津街道（塩の道）」（27ページ）が通っていることから、手に入りやすいものでした。朽木谷では、サバを使ったなれずしが有名です。また、古代より稲作の先進地であったことから、湖東地域では、米も手に入りやすいものでした。湖東平野の南部に位置する野洲《やす》市は、大嘗祭に供える米をつくる田（悠紀斎田《ゆきさいでん》）に選ばれるほどの米の産地です。琵琶湖の魚、塩と米、これらの出会いがふなずしの食文化を発展させました。

ふなずしは平安時代中期頃に成立した『延喜式』にも登場し、豊臣秀吉の朝鮮出兵の際には、長浜の町衆から陣中見舞いの品としてふなずしが用いられた記録が残っています（『近江国坂田郡志《おうみのくにさかたぐんし》』古文書志）。江戸時代には、彦根藩から徳川将軍への献上品としてふなずしが贈られており、俳人の与謝蕪村《よさぶそん》は「鮒ずしや彦根の城に雲かかる」という句を残しています。この句は句碑になっており、彦根城内の天秤櫓前の廊下橋の脇に見ることができます。

彦根城廊下橋脇にある与謝蕪村の句碑

武具用の「彦根牛」が近江牛のルーツ

琵琶湖の誇る産物がふなずしならば、陸の産物は米、そして近江牛《おうみうし》です。現在、近江牛は「神戸牛」「松阪牛」に並ぶ日本三大銘柄牛とされています。この3つのなかで一番歴史が古いのが近江牛であり、その源流は400年以上の歴史をもつ「彦根牛」にあるといわれています。

肉食が忌避《きひ》されていた江戸時代において、彦根牛だけが食用として認められていました。それはあくまでも「薬」という位置づけだったからです。

彦根藩では、武具に使う牛の屠殺《とさつ》が許されていました。皮を剝ぎとったあとの彦根牛の肉は、将軍家や御三家へ薬用として献上されていました。

当時、彦根から江戸への運搬には11日ほどかかって

近江牛の味噌漬け　もともと贈答用として発達した保存食品なので、現在でもお取り寄せやふるさと納税の返礼品としても人気がある。（農林水産省Webサイトより転載）

いたため、味噌漬けや干し肉などの腐敗を防ぐための加工が考え出されました。3代井伊直澄の時代には、彦根藩で味噌漬けにされた牛肉が養生薬「反本丸《へんぽんがん》」として考案され、日本各地で知られていたようです。寛政年間（１７８９〜１８０１）以降、彦根藩から将軍家や諸大名へ相手からの所望に応じて牛肉を贈った記録が『御城使寄合留帳《ごじょうしよりあいとめちょう》』として残されています。

長きにわたって江戸へ献上されていた彦根牛ですが、13代直弼の時代になると屠殺が禁止されます。それは直弼自身の仏教思想に基づくものだったといわれています。その後、一般的に近江で牛肉が食べられるようになったのは明治時代以降です。開国したあとの東京市場で、彦根牛の需要があると見込んだ近江商人たちによって広められ、ブランド牛「近江牛」として全国に名を馳せるまでに成長していくことになりました。

彦根藩と深くつながる和菓子

歴代藩主が茶の湯をたしなんできた彦根藩にとって、和菓子はとても縁が深いものでした。彦根には、今も和菓子文化が根づいており、和菓子と抹茶を供する庭

益寿糖　茶人としても名高い井伊直弼も愛した和菓子。基本的には予約が必要。（いと重菓舗提供）

いと重菓舗 本店（いと重菓舗提供）●JR東海道本線・琵琶湖線「彦根」駅より／彦根市本町1-3-37

園や休憩所が多く存在しています。
なかでも文化6年（1809）創業の「いと重菓舗」では、求肥に和三盆糖をまぶして短冊状に切った銘菓の**益寿糖**《えきじゅとう》が今も変わらぬ製法で受け継がれており、事前予約をすれば購入できます。益寿糖は、参勤交代の際に将軍・大名への贈答品として使われたり、井伊直弼が自身の家臣であり国学者の長《なが》野主膳《のしゅぜん》に贈ったりしたとされます。

　彦根市の南に鎮座する多賀大社《たがたいしゃ》の大鳥居は、江戸時代の中山道・高宮《たかみや》宿の象徴でした。この神社はかつて何度も焼失の危機に見舞われましたが、幕府や彦根藩の保護により3代将軍家光の時に復興されました。この多賀大社の門前菓子として有名なのが、**糸切餅**です。餅の表面は青、赤、青の三本線で彩られており、こしあんが包まれています。米粉のみを使用していることから日もちしないため、現地に足を運んだ際に味わいたい逸品です。

糸切餅

近江彦根の芸能・芸術

「一期一会」を極意とする井伊直弼の茶の湯

武家にとって茶の湯は、欠かすことのできない教養として重んじられました。彦根藩の井伊家においても、歴代当主が**茶の湯**をたしなんできました。茶道具のやり取りなどを介して主従の関係を強化する意味でも、茶の湯は武家社会で大いに機能していました。

歴代当主のなかでも特筆すべきは、江戸時代後期の当主である井伊直亮と直弼です。とくに直弼は、江戸時代後期の代表的な大名茶人として知られています。直弼は幼少期から茶の湯に親しみ、15年におよぶ埋木舎《うもれぎのや》での庶子《しょし》生活のなかで、千利休や石州流の始祖である片桐石州《かたぎりせきしゅう》を理想として茶の湯を学びました。

弘化2年（1845）、直弼は31歳にして『入門記』を執筆し、石州流のなかに独自の一派を立てます。その後、茶の湯に関する数々の書物を執筆し、安政4年（1857）に集大成ともいうべき**『茶湯一会集《ちゃのゆいちえしゅう》』**を完成させます。その序文には、茶の湯の交友は一期一会《いちごいちえ》といい、同じ主人と客人で交会しても、今日この日の会に再び帰ることはできない。そう思えば、人生において一度きりの交会である、という内容が記されています。

もともとは、千利休の言行を記した『山上宗二記《やまのうえのそうじき》』という茶書に表れている思想ですが、直弼はこの思想を「一期一会」の四文字で表現し、自身の茶の湯における重要な思想として用いたのです。さらに『茶湯一会集』では、茶の湯の亭主は客を見送ったあと1人で茶席に座って茶を立て独服し、客に満足してもらえたかどうかを振り返る「独座観念《どくざかんねん》」の時間をもつことがすすめられていました。禅の修行を極めていた直弼ならではの極意といえるでしょう。

狂言作家としても名を残した直弼

能は、能面と呼ぶ仮面をつけた役者による所作や舞、謡《うたい》と呼ばれる声楽と、笛や鼓による楽器の演奏からなる舞台芸術です。一方、**狂言**は、庶民の日常生活を喜劇的に描いた対話形式の演劇です。

現在では異なる芸能に見られがちな能と狂言ですが、かつては同じ舞台で上演されており、これらを総称して「能楽」と呼びます。江戸時代、能楽は徳川幕府によって重要な儀式の際に催される芸能と定められました。有力な大名の御殿や前庭には能舞台が設けられ、慶事や行事の際には能楽が演じられました。幕府は能役者を召し抱えていたので、彦根藩も幕府に追随する傾向がありました。

彦根城博物館(表御殿)に建つ能舞台　(彦根城博物館提供)

一番多く能役者を召し抱えていたのは、4代井伊直興の時代です。同時期に55人もの能役者を召し抱えたそうで、一説によると能好きの5代将軍・徳川綱吉に恭順を示すためとも考えられています。しかし、直興が隠居すると能役者の大半が解雇され、彦根藩の能が一時衰えることになりました。

しかしながら、10代直幸、11代直中はみずから喜多流宗家に入門して謡や舞の鍛錬を積み、能が愛好されました。とくに直中の時代は、多くの能役者を召し抱え、表御殿や槻《けやき》御殿に能舞台が建てられています。こうして役者と能舞台がそろい、彦根藩の能は再び隆盛を極めることになりました。

13代直弼も能や狂言を愛好した歴代当主の1人で、とりわけ狂言を好んだといわれています。直弼は**『狸腹鼓《たぬきのはらつづみ》』**と**『鬼ケ宿《おにがやど》』**という自作の狂言を書いたことでも有名です。現在、彦根城内にある彦根城博物館には、かつて彦根城の表御殿にあった能舞台が移築復元されており、毎年この舞台で能や狂言の上演があります。上演がない日にも、能舞台スペースで映像を見ることができます。

狩野派を召し抱えた彦根藩の美術品

江戸時代の徳川将軍家や大名家において、重要な儀

『風俗図（彦根屏風）』 近世初期の風俗画のなかでも傑作と評され、高く評価されている。なお、『紙《し》本金地《ほんきんじ》著色《ちゃくしょく》風俗図《ふうぞくず》』の名称で、国宝に指定されている。（彦根城博物館蔵 画像提供：彦根城博物館/DNPartcom）

式の際、床の間や棚を美術品で飾りつける「書院《しょいん》飾《かざり》」が行われました。美術品は家格にふさわしい作品を用意するのが通例であり、譜代大名筆頭の井伊家の絵画や書、茶道具のコレクションは目を見張るものがあります。

彦根藩は、室町時代から江戸時代末期まで活躍した日本絵画史上最大の画派である狩野派系統の絵師を御用絵師として召し抱えることもあり、彦根城の障壁画や藩主の肖像画など多様な作品を生み出しました。

一番有名な美術品が、近世初期風俗画の傑作であり国宝に指定されている**『風俗図（彦根屏風）』**です。こちらは彦根藩主の私的コレクションとしての「奥道具」であったとされています。描かれている場面は近世初期、京都六条柳町の遊女や歌舞伎の演者たちと考えられており、肉筆画から浮世絵への歴史をたどる意味でも貴重な作品です。作者は大和絵師の岩佐又兵衛《いわさまたべえ》と考えられていましたが、近年は、狩野派系統（京狩野）の絵師によるものと考えられるようになりました。

現存数が少なく、はかなく美しい「幻のやきもの」

湖東焼《ことうやき》は、江戸時代後期に彦根で生まれたやきもので、彦根が琵琶湖の東側に位置していることから「湖東焼」と呼ばれるようになりました。湖東焼には、固く焼き締まった磁器もあれば、土の温かみが感じられる陶器もあり、繊細で華やかな絵つけが特徴です。

文政12年（１８２９）、彦根城下の商人だった絹屋半兵衛が開窯し、12代井伊直亮の時代に彦根藩が直営化し発展しました。この時期には、瀬戸や九谷、京都から職人たちが迎えられ、その品質は極めて高いものでした。その後、13代直弼の時代に窯場の規模が拡大され、黄金時代を迎えます。

しかし、桜田門外の変で直弼がこの世を去ると、藩窯の経営が難しくなり、文久2年（1862）に藩窯の歴史は幕引きとなります。窯の操業期間が短かったため、明治時代には「幻のやきもの」と呼ばれるようになりました。近年、その価値が見直され、湖東焼の再興を目指す活動が活発化しています。

彦根城と城下町を舞台とした小説作品紹介

・舟橋聖一

『花の生涯』（祥伝社文庫など）

彦根藩主の14男に生まれた井伊直弼は、わが身を埋木に擬し、文武諸芸・茶の湯にはげみながら暮らしていた。しかし、絶世の美女、村山たか女と出会い、家督を継いで幕府の要職に就くや、直弼の運命は急転していった。映画化、大河ドラマ化された歴史小説。

・万城目学

『偉大なる、しゅららぼん』（集英社文庫）

「石走城」という架空の城とその城下町を舞台にしたファンタジー小説。現代の物語ながら、背後に湖東・湖北の風土や、琵琶湖畔に築かれた近世城郭史を髣髴《ほうふつ》させるのが興味深い。映画化の際は、彦根城など県内各地でオールロケ撮影された。

・ジェームス三木

『つばめ』（日本放送出版協会）

時代は江戸時代初期。彦根城築城に作事方として参画した彦根藩士・善蔵の物語。善蔵は藩主から拝領した朝鮮人の妻・お燕と子どもをもうけて暮らしていた。ところが朝鮮通信使がやってきたとき、お燕の夫なる人物が現れる。

・津本陽

『獅子の系譜』（文春文庫）

徳川家臣団最強の武将として、武門の誉れ「赤備え」を許された井伊直政。徳川家康とともに天下取りを果たした直政の初陣から関ケ原の戦いで勝利するまで、井伊氏中興の祖・直政の生涯を描く。彦根城・藩の前史となる歴史小説。

近江彦根を知るためのミュージアム案内

ジオラマ展示で見る彦根城と城下町

中堀と外堀の中間、彦根城博物館（56ページ）のほど近くにある**開国記念館**は、昭和35年（1960）に13代井伊直弼の没後100年を記念する事業として、彦根城の佐和口《さわぐち》多聞櫓《たもんやぐら》を再現した建物です。開国派であった直弼に敬意を表して名づけられました。

昭和59年（1984）には一部を改装し、「彦根市民ギャラリー」として使用してきましたが、平成14年（2002）には閉館となりました。現在は観覧無料の展示施設となっており、彦根城に関する貴重な資料や写真、石田三成の居城であった佐和山城に関する資料などが展示されているほか、彦根城や城下町のジオラマ展示もあります。

開国記念館

また、館内では彦根城に関する書籍や、御城印なども販売しています。御城印は、定番のものだけでなく、ひこにゃん版のものもあります。

開国記念館

・彦根市金亀町3―2

・JR東海道本線・琵琶湖線「彦根」駅より

若き井伊直弼が諸芸に励んだ屋敷

埋木舎《うもれぎのや》は井伊直弼が、17歳から32歳までの15年間を過ごした屋敷です。「埋もれ木」とは、地中に埋まり外から見えない樹木のことです。直弼は11代直中の14男であり、藩主になるとは考えられていませんでした。そのため、兄である12代直亮の時代には彦根城外に出ることになり、中級藩士の屋敷とほぼ同等のつくりの屋敷で質素に暮らすことになります。

直弼はその身の上を埋もれ木と重ね、「世の中をよそに見つつも埋れ木の埋もれておらむ心なき身は」という歌を詠みました。この頃から、自身が居住する屋敷を埋木舎と呼ぶようになりました。

それでも直弼はくさることなく、剣術などの武芸、国学や海外事情の学習、禅の修行、さらには茶道や和歌など、文武両道の修養に励みました。この埋木舎での努力が、のちの江戸末期の大老・井伊直弼の人格と器量を形成したといえます。

埋木舎は明治4年（1871）、払い下げによって井伊直弼の側《そば》役《やく》をつとめた大久保氏の所有になり、現在は国特別史跡として

埋木舎　江戸幕府大老をつとめた井伊直弼が青年期を過ごした国特別史跡。

公開されています。邸内は直弼がしつらえた茶室「澍《じゅ》露軒《ろけん》」が残っており、直弼が使用していた食器などの日用品や駕籠《かご》の展示があります。

埋木舎

・彦根市尾末町1―11
・JR東海道本線・琵琶湖線「彦根」駅より

彦根ろうそくの伝統を体験する

江戸時代中期頃の彦根では、かつて武器や武具の製作にたずさわっていた職人たちが仏壇製造に転向し、平和産業がさかんになります。そして彦根仏壇は、城下町に根づいた地場産業となっていきました。江戸時代の生活の必需品だった和ろうそくですが、彦根仏壇が発展したこともあり、彦根では和ろうそくの製造も盛んになります。最盛期には53軒の和ろうそく屋がありました。質がよく長もちするのが「彦根ろうそく」の特徴で、手づくりの芯の周りに熱い蠟《ろう》をかけて仕上げることから、「生《き》掛《が》けろうそく」と称され、将軍への献上品にもなっていました。

この彦根ろうそくの伝統を身近に感じることができるのが、彦根城中堀にかかる京橋から南西へ延びる「夢京橋《ゆめきょうばし》キャッスルロード」の一角にある、**夢京橋あかり館**です。伝統職人による和ろうそくからアロマキャンドルまで、さまざまなろうそくや、燭台《しょくだい》、行灯《あんどん》などが展示販売されており、併設された「夢工房」ではキャンドルづくり体験ができます。

夢京橋あかり館　「あかり」や「香り」をテーマにした工芸品の展示販売や、井伊直孝にゆかりがある招き猫をテーマにした土産物の開発、販売が行われている複合施設。

夢京橋あかり館
・彦根市本町2―1―3
・JR東海道本線・琵琶湖線「彦根」駅より

彦根藩が引き継いだ秀吉時代の文化

長浜《ながはま》市《し》曳山博物館《ひきやまはくぶつかん》では、400年以上続く「長浜曳山祭」に関係する各種資料が展示されています。長浜曳山祭とは、織豊時代、長浜城主であった羽柴（豊臣）秀吉に男子が生まれたことが起源となっています。喜んだ秀吉は、城下の人々に砂金を振る舞い、町人がこれをもとに曳山をつくり、長浜八幡宮の祭礼に曳き回したのが始まりといわれています。曳山を所蔵する各山組は、豪華な装飾品を用いるなどして曳山を改造し、贅《ぜい》を尽くして競い合いました。

長浜市曳山博物館　「長浜曳山祭」を紹介する博物館。平成12年（2000）に開館した。

　秀吉の治世以降に当地の藩主となった井伊氏は、長浜を秀吉が認めていた朱印地（地子免除）として容認し、町衆による自治を認めることで藩の安定を図ろうとしました。そして、長浜曳山祭は町衆気質のよりどころとして認められ、継続して執り行われてきたのです。11代井伊直中の時代には曳山が彦根に運ばれ、直中の還暦を祝う狂言が行われたこともありました。

長浜市曳山博物館
・長浜市元浜町14―8
・JR北陸本線・琵琶湖線「長浜」駅より

近江彦根の祭礼・行事

新春の祭礼・行事と見どころ

彦根城の太鼓丸から毎日決まった時間に聞こえる鐘の音は、江戸時代から絶えることなく朝の6時から18時まで、3時間ごとに城下に鳴り響く「お山の鐘」です。この鐘は、彦根独特の音風景として、環境庁の「日本の音風景100選」に選定されています。彦根城では、毎年12月31日に希望者を募り、彦根城の時報鐘《じほうしょう》において**彦根城で除夜の鐘をつく集い**が開催されます。

そのほかの祭礼・行事

彦根十日ゑびす祭▼1/9~11（北野神社）、左義長《さぎちょう》祭▼3月中旬の土・日曜（日牟礼八幡宮/近江八幡市）

春の祭礼・行事と見どころ

彦根市高宮町は古くから中山道の宿場町として発達し、多賀大社への参詣道も通っています。この2つの道が交差する辺りにある高宮神社で、4月10日に近い日曜日に行われる大祭が、鎌倉末期から続く**高宮神社春季例大祭（高宮太鼓祭り）**です。村人がたくさんの大きな太鼓を担いで中山道を練り歩く歴史ある行事です。

高宮太鼓祭り　たくさんの大太鼓をかついで中山道を巡行する「渡御《とぎょ》」が見どころの1つ。（高宮神社許可、サンライズ出版提供）

そのほかの祭礼・行事

だるままつり▼4/1~2（龍潭寺《りょうたんじ》）、長浜曳山祭▼4/9~17（長浜八幡宮/長浜市）、古例大例（多賀まつり）▼4/22（多賀大社/多賀町）

夏の祭礼・行事と見どころ

彦根のお盆時期の風物詩が、8月6日に芹川《せりかわ》河畔で行われる**ひこね万灯《まんとう》流し**です。地域の人々が諸霊をなぐさめるために灯籠《とうろう》に送り火を入れ、芹川に流します。もとは霊をまつる盂蘭盆会《うらんぼんえ》から始まり、門外に火を送ることが転じて灯籠を流し、先祖の霊をなぐさめる行事になったと考えられています。

そのほかの祭礼・行事

例大祭（水無月祭《みなづきさい》）▼6／29～30（荒神山神社《こうじんやまじんじゃ》）

秋の祭礼・行事と見どころ

毎年、井伊直弼の生誕日である10月29日を中心に行われる、彦根市最大の祭りが**小江戸彦根の城まつり**です。馬上の井伊直政をはじめ、井伊の赤備《あかぞな》えの甲冑に身を包んだ武者軍団、彦根町火消し列など総勢1000余名が勇壮にパレードします。この城まつりは、佐和山神社の祭礼が起源となっており、その当時も現在の城まつりと同じように、甲冑を身にまとった武者が馬上や徒歩で練り歩いていたと伝わっています。

そのほかの祭礼・行事

観月の夕べ▼9～10月の土・日・祝日の10日間（玄宮園）、とりいもと宿場まつり▼10月（鳥居本地区）、錦秋の玄宮園ライトアップ▼11月下旬～12月上旬（玄宮園）

小江戸彦根の城まつり　江戸時代の装束を身にまとった時代風俗行列、井伊家赤備えらが彦根市内を練り歩く。（公益社団法人　彦根観光協会提供）

索引

参考文献

『彦根市史(上・中・下)』彦根市、１９６０〜１９６４年
『聞き書　滋賀の食事(日本の食生活全集25)』農山漁村文化協会、１９９１年
『彦根城——湖面に映える井伊家の威風(歴史群像名城シリーズ６)』学習研究社、１９９５年
『彦根城博物館叢書１　幕末維新の彦根藩』佐々木克編、サンライズ出版、２００１年
『彦根の歴史——ガイドブック』彦根城博物館編、彦根市教育委員会、２００１年
『城下町彦根——街道と町並　上田道三が描いた歴史風景(淡海文庫25)』彦根史談会編、サンライズ出版、２００２年
『彦根城博物館叢書２　史料 井伊直弼の茶の湯(上)』熊倉功夫編、サンライズ出版、２００２年
『湖魚と近江のくらし(淡海文庫28)』滋賀の食事文化研究会編、サンライズ出版、２００３年
『彦根城博物館叢書４　彦根藩の藩政機構』藤井譲治編、サンライズ出版、２００３年
『近江牛物語(淡海文庫30)』瀧川昌宏著、サンライズ出版、２００４年
『彦根城博物館叢書5　譜代大名井伊家の儀礼』朝尾直弘編、サンライズ出版、２００４年
『彦根の食文化』彦根城博物館、２００５年
『彦根城博物館叢書6　武家の生活と教養』村井康彦編、サンライズ出版、２００５年
『幕末維新の個性6　井伊直弼』母利美和著、吉川弘文館、２００６年
『彦根歴史散歩　過去から未来をつむぐ』彦根景観フォーラム編、サンライズ出版、２００６年
『城下町の記憶——写真が語る彦根城今昔』城下町彦根を考える会編、西川幸治著、サンライズ出版、２００７年
『彦根城を極める』中井均著、サンライズ出版、２００７年
『彦根城下町検定公式テキストブック——ひこにゃんと城下町を学ぶ本』彦根商店街連盟広報部会編、彦根城博物館監修、サンライズ出版、２００７年
『彦根城博物館叢書3　史料 井伊直弼の茶の湯(下)』熊倉功夫編、サンライズ出版、２００７年
『彦根城博物館叢書7　史料 公用方秘録』佐々木克編、サンライズ出版、２００７年
『新修彦根市史　第2巻(通史編　近世)』彦根市、２００８年
『滋賀県の歴史散歩　下　彦根・湖東・湖北・湖西』山川出版社、２００８年
『佐和山城跡——その歴史と山に遺されたもの(埋蔵文化財活用ブックレット5　近江の城郭1)』滋賀県教育委員会事務局文化財保護課、２０１０年
『ふなずしの謎　新装版(淡海文庫５)』滋賀の食事文化研究会編、サンライズ出版、２０１１年
『天下普請の城　彦根城』彦根城博物館、２０１３年
『すごいぞ!彦根城』サンライズ出版、２０１５年
『井伊家と彦根城』宝島社、２０１７年
『滋賀のトリセツ(地図で読み解く初耳秘話)』昭文社、２０２１年
『埋木舎で培われた井伊直弼の茶の湯』大久保治男・前田滴水著、サンライズ出版、２０２２年
『彦根藩の足軽——歩兵たちの近世』彦根城博物館、２０２２年

編集協力・図版作成・撮影　クリエイティブ・スイート
執筆協力　倉田 楽、清塚あきこ、伊東孝晃、西田めい、
　　　　　小倉康平（クリエイティブ・スイート）
装丁　伊藤礼二（T-Borne）
　　　大槻亜衣（クリエイティブ・スイート）

図説《ずせつ》日本《にほん》の城《しろ》と城下町《じょうかまち》⑦
彦《ひこ》根《ね》城《じょう》
二〇二三年七月二〇日　第一版第一刷発行

監修者　母利美和
発行者　矢部敬一
発行所　株式会社　創元社
〈本　社〉〒五四一-〇〇四七
　大阪市中央区淡路町四-三-六
　電話（〇六）六二三一-九〇一〇㈹
〈東京支店〉〒一〇一-〇〇五一
　東京都千代田区神田神保町一-二
　田辺ビル
　電話（〇三）六八一一-〇六六二㈹
〈ホームページ〉https://www.sogensha.co.jp/
印刷　図書印刷

ISBN978-4-422-20177-1 C0320